NIÑOS ORDINARIOS realizando
COSAS EXTRAORDINARIAS
¡a través del PODER de LA PALABRA DE DIOS!

VOLUMEN 3
LECCIONES 1-13

A menos que se indique lo contrario, las citas bíblicas fueron tomadas de la *Versión Reina Valera 1960*®, © 1960 Sociedades Bíblicas en América Latina; © renovado 1988 Sociedades Bíblicas Unidas.

Las citas marcadas con las siglas NTV ha sido tomado de la *Santa Biblia, Nueva Traducción Viviente,* © Tyndale House Foundation, 2010. Usado con permiso de Tyndale House Publishers Inc., 351 Executive Dr., Carol Stream, IL 60188, Estados Unidos de América. Todos los derechos reservados.

Las citas marcadas con las siglas NVI fueron tomadas de *La Santa Biblia, Nueva Versión Internacional*® *NVI*® © 1999 por Biblica, Inc.®

Las citas marcadas con las siglas MSG son traducciones libres del idioma inglés y fueron tomadas *The Message Bible* © 1993, 1994, 1995, 1996, 2000, 2001, 2002 Eugene H. Peterson por NavPress Publishing.

Las citas marcadas con las siglas AMPC son traducciones libres del idioma inglés y fueron tomadas de *Amplified*® *Bible, Classic Edition* © 1954, 1958, 1962, 1964, 1965, 1987 por The Lockman Foundation.

ISBN 978-1-60463-150-0

Libro de lecciones de la Academia de Superniños, volumen 3, lecciones 1-13
Superkid Academy Lesson Book Volume 3 Lessons 1-13

Traducido y editado por KCM Guatemala

© 2010 *Eagle Mountain International Church Inc.*, también conocida como Ministerios Kenneth Copeland.
© 2011 *Eagle Mountain International Church Inc.*, también conocida como Ministerios Kenneth Copeland.
Traducción autorizada de la edición en inglés.

Kenneth Copeland Publications
Fort Worth, TX 76192-0001

Para obtener más información acerca de los Ministerios Kenneth Copeland, visita es.kcm.org, o llama al 1-800-600-7395 (EE.UU.) ó al +1-817-852-6000 (Internacional).
Nuestros ministros de habla hispana están esperando tu llamada.

Consultores creativos y desarrollo de producto por: www.vaughnstreet.com

Diseño de interior y portada por: www.eastcomultimedia.com

Gerente de diseño: Jon La Porta
Diseñadores: Heather Huether & Justin Seefeldt

ÍNDICE

RECONOCIMIENTOS iv

UNA GUÍA SENCILLA v

EXCENCIÓN DE RESPONSABILIDAD DE SALUD Y SEGURIDAD vi

LECCIÓN 1: LA DULCE VIDA 1

LECCIÓN 2: LA "X" INDICA EL LUGAR 11

LECCIÓN 3: PERMANEZCAN EN EL CAMINO 21

LECCIÓN 4: ¡VÉNDANLO TODO! 29

LECCIÓN 5: CON TODO MI CORAZÓN 39

LECCIÓN 6: CON TODA MI MENTE 47

LECCIÓN 7: CON TODO MI CUERPO 57

LECCIÓN 8: CON TODO MI PASADO 65

LECCIÓN 9: CON TODO MI PRESENTE 75

LECCIÓN 10: CON TODO MI FUTURO 83

LECCIÓN 11: FE 91

LECCIÓN 12: ESPERANZA 99

LECCIÓN 13: AMOR 107

AGRADECIMIENTOS

Me siento muy emocionada porque la Academia de Superniños se establecerá en el corazón de los niños de ¡todo el mundo! Dios es fiel en completar lo que inició, y con Su ayuda hemos visto cómo ocurren cosas extraordinarias en la vida de muchos niños y familias.

Quiero agradecerle primero al Señor, pues Él no sólo me llamó a ministrar niños, sino me equipó para ser una persona efectiva. Parte de ese equipamiento radica en la ayuda de mi familia. No estoy segura si la maternidad me hizo una mejor ministra de niños o viceversa, todo lo que sé es que con los años éstas dos áreas se han combinado en mí. El resultado fue una familia de niños que me ayudó y ministró a mi lado, derramando su propio corazón y energía en la Academia de Superniños. Rachel, Lyndsey, Jenny y Max, les agradezco por hacer de esta familia, una familia de ministros. ¡Ustedes hacen que sea divertida!

La asociación es una parte muy importante en el éxito del ministerio de niños. Confiamos en que Dios es nuestra fuente, y somos socios con otros con el propósito de cumplir Su plan en nuestra vida. Quiero agradecerles a las siguientes personas, pues su fidelidad hizo que la Academia de Superniños produjera fruto todos estos años.

A los comandantes Dana y Linda Johnson: Su amistad y amor significan más para mí de lo que imaginan. Gracias por hacer de la Academia de Superniños ¡un lugar REAL!

Kim Stephenson: Mi socia y amiga de pacto en el ministerio. ¡No hubiera logrado esto sin tu ayuda!, y ¡estoy agradecida de haber contado contigo!

Jenni Drennen: Dios te ha dado la habilidad de tener todo preparado, y al mismo tiempo, mantienes firmes y felices a los comandantes. Simplemente, ¡eres maravillosa!

Lyndsey Rae: Tu habilidad para transmitir de forma creativa el sentir del corazón de la Academia de Superniños mediante la redacción, la dirección de la filmación y las enseñanzas; es en realidad, asombrosa. ¡Eres una hija maravillosa! Te amo con todo mi corazón.

A nuestro equipo en KCM, en especial a John Copeland y James Tito, por su apoyo y por declarar: "¡Esto es lo que hacemos!". Y después realizarlo con excelencia. Gracias a los miembros de los demás equipos quienes trabajaron tanto para hacerlo bien. Heather Main, Christine Schuelke y Katelyn Kurth, les agradezco por todas esas horas. Gracias a Cindy Hames y al departamento de marcadotecnia y Carleen Higgins en el departamento de televisión. ¡Hagámoslo de nuevo!

Algo muy importante, quiero agradecer a los pastores George y Terri Pearsons y al equipo de niños de EMIC. Ustedes creyeron, sembraron, oraron e hicieron de la Academia de Superniños un lugar real con superniños reales. Nunca lo olvidaré y Jesús tampoco.

Y a los cientos de superniños reales en *Eagle Mountain International Church*. ¡Gracias! Y recuerden, una vez que han sido superniños ¡siempre lo serán!

Por último, pero no menos importante, les agradezco a Kenneth y Gloria Copeland por inculcarme en la vida de fe, por darme la Palabra no adulterada; a fin de enseñársela a los susperniños, y por ser personas dedicadas de manera absoluta, firme y previsible a la Palabra. Amo ser su hija.

¡Los amo a todos!

Commander Kellie
Comandante Kellie

GUÍA PARA SU ACADEMIA DE SUPERNIÑOS:
Una guía sencilla

Nos sentimos emocionados de que haya adquirido la versión en español de nuestro plan de estudio de la Academia de Superniños. Los principios que se enseñan y el material que se brinda, permiten entablar una relación con Dios e inspirar a los niños para que realicen cosas extraordinarias en todo lo que emprendan.

El material de la versión en español incluye:

- **BOSQUEJO DE LA LECCIÓN**: Un bosquejo sencillo de tres pasos que le explica la verdad de la Palabra y su aplicación en la vida diaria.

- **VERSÍCULO PARA MEMORIZAR**: Estos versículos representan una oportunidad familiar para memorizar y guardar la Palabra en el corazón de todos.

- **TIEMPO PARA JUGAR**: Los juegos refuerzan el mensaje de la lección, y lo ejemplifican durante un tiempo de diversión.

- **OFRENDA**: La manera bíblica de dar es muy importante. Cada semana, estas verdades le enseñarán los principios de dar, y éstos se implantarán en lo profundo del corazón de los niños.

- **SUPLEMENTOS** (incluye dos de los siguientes temas en cada lección):

    Lección práctica: Ilustra el enfoque de la lección y brinda elementos visuales para la enseñanza.

    Caso real: Esta actividad destaca un interesante e histórico lugar, persona o evento con lo cual se ejemplifica el tema de la lección que se está enseñando.

    Drama: Puede leerse como una historia, representarse como una obra o realizarse con títeres.

    La cocina de la academia: Esta actividad requiere artículos de cocina y brinda mejores oportunidades de enseñanza adicionales para examinar e ilustrar la lección.

    El laboratorio de la academia: Combina la lección con la ciencia.

    Tiempo de lectura: Una historia que refuerza el mensaje de la semana a través de un tema ejemplificado.

Cada lección puede utilizarse de muchas maneras. Sea creativo. ¡Diviértase con este material! Aunque el tiempo transcurra rápido, las semillas depositadas en sus niños producirán una gran cosecha que durará toda la vida; y la Palabra que se encuentra en el corazón de ellos, no volverá vacía.

«Instruye al niño en su camino, y aun cuando fuere viejo no se apartará de él».
Proverbios 22:6

EXENCIÓN DE RESPONSABILIDAD DE SALUD Y SEGURIDAD PARA EL PLAN DE ESTUDIO DE LA ACADEMIA DE SUPERNIÑOS

La Academia de Superniños es un ministerio de *Eagle Mountain International Church*, también conocida como Ministerios Kenneth Copeland (a la cual nos referiremos como *EMIC*). El plan de estudio de la Academia de Superniños (al cual nos referiremos como plan de estudio *SKA*) brinda material de enseñanza apropiado para la edad de los niños, a fin de ser utilizado en su formación espiritual. Este plan de estudio *SKA*, incluye actividades físicas en las cuales pueden participar tanto el maestro como el niño. Antes de realizar cualquiera de las actividades, los participantes deben estar en buena condición física, respaldado con certificación médica. *EMIC* no se responsabiliza por las lesiones que resulten de realizar las actividades sugeridas en el plan de estudio *SKA*. Antes de llevar a cabo el plan de estudio *SKA*, debe revisar con cuidado las políticas de seguridad y salud de su organización, y determinar si el plan de estudio *SKA* es apropiado para el uso deseado de su organización.

Al comprar el plan de estudio *SKA*, yo, como persona individual o como representante autorizado de mi organización, decido por medio de la presente liberar, defender, no inculpar y me comprometo a no demandar a *EMIC*, a su personal de seguridad, diáconos, ministros, directores, empleados, voluntarios, contratistas, personal, afiliados, agentes y abogados (colectivamente, cualquier área relacionada a *EMIC*) y a la propiedad de *EMIC*, de cualquier demanda; incluyendo demandas de negligencia y culpa grave de cualquiera o más áreas relacionadas a *EMIC* que surjan del uso y de la participación del plan de estudio *SKA*, o de la participación en las actividades sugeridas incluidas en el plan de estudio *SKA*, ni por los primeros auxilios o servicios prestados que deban realizarse como consecuencia de o relacionados con las actividades o participación en las actividades.

LECCIÓN 1: LA DULCE VIDA

 BIENVENIDA Y ORACIÓN

 VERSÍCULO PARA MEMORIZAR

 TIEMPO PARA JUGAR

 SUPLEMENTO 1: LA COCINA DE LA ACADEMIA

 OFRENDA

ALABANZA Y ADORACIÓN

 BOSQUEJO DE LA LECCIÓN

SUPLEMENTO 2: TIEMPO DE LECTURA

ORACIÓN, ANUNCIOS Y MATERIAL DE APOYO

 **Versículo para memorizar:** «Porque yo sé muy bien los planes que tengo para ustedes —afirma el Señor—, planes de bienestar y no de calamidad, a fin de darles un futuro y una esperanza». (Jeremías 29:11, NVI)

Serie: El plan de Dios es un tesoro

Academia de Superniños • Vol. 3/1.ª semana • La dulce vida

 **TIEMPO PARA JUGAR** — **BUSCANDO PASAS**

 **Tiempo necesario:** 10 minutos

 Versículo para memorizar: «Porque yo sé muy bien los planes que tengo para ustedes —afirma el Señor—, planes de bienestar y no de calamidad, a fin de darles un futuro y una esperanza». (Jeremías 29:11, NVI)

 Consejo para el maestro: Por seguridad, si usted decide permitirles probar o tocar los alimentos, es importante preguntarles a los niños si son alérgicos a algún alimento.

 **Consejo para involucrar a los adolescentes:** Involucrar a los adolescentes como auxiliares es una gran forma de desarrollar la confianza en sí mismos, y un adolescente ameno y activo mantendrá a los niños involucrados y atentos.

Implementos: ☐ 2 tazones de avena cocida (por ronda), 6 tazones si juegan 3 rondas, ☐ 2 platos pequeños (por ronda), 6 platos si juegan 3 rondas, ☐ 2 baberos, ☐ 1 mesa, ☐ 20 pasas (por ronda), 60 pasas si juegan 3 rondas, ☐ música alegre de fondo.

Antes del juego:
- Coloque los tazones con avena previamente cocida en una mesa.
- Coloque las pasas y los baberos sobre la mesa.
- A la par de cada tazón con avena, coloque un plato pequeño.
- Escoja dos voluntarios para que compitan entre sí.
- Cada voluntario usará un babero.
- Determine cuánto tiempo durará cada ronda.

Instrucciones del juego:
- ¡Hola, cadetes!
- Hoy, nuestros dos voluntarios competirán entre sí en un concurso para buscar pasas. Cada voluntario usará un babero, pues deben encontrar las pasas; utilizando sólo su boca. Cada jugador pondrá sus manos detrás de su espalda mientras busca las pasas.
- Contemos juntos mientras depositamos 10 pasas en cada tazón de avena. (Revuelva las pasas en la avena para darle un mayor grado de dificultad).
- Cuando la música comience, cada jugador empezará a buscar las pasas; utilizando sólo su boca. Cada vez que un jugador saque una pasa, la transferirá al plato, usando sólo su boca para depositarla en éste. Los jugadores no deberán depositar la avena, sino únicamente la pasa.

Objetivo del juego:
Detenga el juego cuando un jugador encuentre las 10 pasas, o cuando haya terminado el tiempo establecido. El jugador con la mayor cantidad de pasas en su plato, ¡ganará! Si hay empate, el jugador con la menor cantidad de avena en su plato, ganará. Si el tiempo lo permite, juegue una ronda adicional con otros tazones de avena y pasas.

Aplicación:
Hoy, estamos hablando acerca de cómo descubrir el plan de Dios para nuestra vida. Buscar pasas es divertido, pero de seguro no se compara con buscar los tesoros que Jesús tiene guardados para nosotros.

Serie: El plan de Dios es un tesoro

La dulce vida • Vol. 3/1.ª semana • *Academia de Superniños*

LA COCINA DE LA ACADEMIA — EL INGREDIENTE SECRETO

 **Tiempo necesario:** 10 minutos

 **Versículo para memorizar:** «Porque yo sé muy bien los planes que tengo para ustedes —afirma el Señor—, planes de bienestar y no de calamidad, a fin de darles un futuro y una esperanza». (Jeremías 29:11, NVI)

 **Consejo para el maestro:** Por seguridad, si usted decide permitirles probar o tocar los alimentos es importante preguntarles a los niños si son alérgicos a algún alimento. Pedirle al pastor o líder de los niños que sirvan los cubiletes, será un gran ejemplo de servicio para los cadetes. ¡Anímelos para que ¡le agradezcan a su pastor o líder de niños por seguir el plan de Dios de compartir y sembrar en la vida de ellos!

Implementos: ☐ 16 moldes pequeños de papel para hornear cubiletes, ☐ horno u horno tostador, ☐ batidora eléctrica de mano, ☐ extensión eléctrica, ☐ cucharas para mezclar, ☐ tazas y cucharas medidoras, ☐ un tazón para mezclar, ☐ 2 bandejas para hornear cubiletes.

Receta:

(Deberá comprar doble cantidad de ingredientes de la receta, a fin de que también pueda realizar la presentación ante los niños. La receta abajo descrita es para ocho cubiletes).

Ingredientes: ☐ 4 cucharadas de margarina blanda, ☐ 1/4 taza de azúcar extrafina, ☐ 1 huevo grande, ☐ 5/8 taza de harina con levadura, ☐ 1 cucharada de cocoa sin azúcar, ☐ 2 onzas de chocolate semidulce (quebrarlo en ocho cuadros iguales), ☐ azúcar glass para espolvorear.

1. Precaliente el horno u horno tostador a 375 grados.
2. Coloque ocho moldes pequeños de papel sobre una bandeja de cubiletes para hornear.
3. Mezcle todos los ingredientes (excepto el chocolate semidulce), utilizando la batidora hasta que la mezcla sea homogénea.
4. Vierta la mezcla en los moldes de papel cubriendo sólo la mitad de cada uno.
5. Utilizando una cuchara pequeña, haga una hendidura en el centro de la mezcla de cada molde de papel.
6. Coloque un cuadro de chocolate semidulce en la hendidura que se encuentra en el centro de la mezcla, y con una cuchara cúbralos con la mezcla.
7. Coloque en el horno la bandeja de cubiletes, y hornéelos durante 20 minutos.
8. Los cubiletes estarán listos cuando hayan crecido y estén blandos al tacto.
9. Luego, espere de 2-3 minutos antes de que los sirva o de espolvorear el azúcar glass sobre ellos.

Los cubiletes son DELICIOSOS cuando se sirven tibios.

Por seguridad, cerciórese que el centro de los cubiletes se encuentre tibio, y no caliente.

Antes de la actividad:

- Mezcle los ingredientes de la masa, utilizando la batidora eléctrica hasta que la mezcla esté homogénea.
- Si no contara con un horno el día de la clase, prepare antes los cubiletes; y sólo comparta con los cadetes cuáles

Serie: El plan de Dios es un tesoro

son los ingredientes y cómo se preparan.

- Si los prepara antes de la clase, escoja un asistente para que lo ayude a espolvorear el azúcar glass sobre los cubiletes y a servírselos a los otros cadetes.
- Si tiene un horno u horno tostador para prepararlos durante la clase, escoja a un voluntario para que lo ayude a colocar los ingredientes en un tazón.

Instrucciones de la lección:

Pregunte ¿Quién está listo para disfrutar algo dulce hoy? Tengo una deliciosa receta para preparar cubiletes de chocolate. ¿A quién le gustaría ayudarme?

- (Escoja a un cadete para que le ayude).
- Explíqueles cómo planificó su lección para cocinar:
    1. Hizo una lista
    2. Compró los ingredientes
    3. Consiguió los utensilios de cocina necesarios
    4. Preparó todo para sus cadetes
- (Si les lee la receta captará su atención mientras describe todos los ingredientes dulces, explicándoles cuán deliciosos son al combinarlos).
- Saben cadetes, esta receta me recuerda la dulce vida que Dios ha preparado para ustedes. No existen partes malas en Su plan. Simplemente debemos seguir, de principio a fin, la receta especial para nuestra vida.
- (Pídale a su ayudante que mezcle todos los ingredientes, y que vierta la mitad de la mezcla en los moldes de papel).
- Por el momento, guardaremos la mitad de la mezcla; pues queremos colocar en el centro algo realmente delicioso.

Pregunte ¿Puede alguien adivinar cuál es ese ingrediente?

- Correcto, ¡el chocolate! Éste sabe muy delicioso cuando se derrite en la boca, y eso es exactamente lo que ocurrirá en el interior de estos cubiletes.
- (Realice una hendidura en cada uno, luego pídale a su cadete que coloque los trozos de chocolate en el centro de cada uno, y que después vierta el resto de la mezcla sobre el chocolate).
- Gracias por tu ayuda. Al parecer, ya terminamos.
- (Actúe sorprendido cuando coloque la bandeja en el horno y se dé cuenta de que olvidó precalentarlo, o que pensó que no necesitaría un horno).
- **(Con mucho dramatismo, exprese:) ¡OH NO!** Les prometí que disfrutarían algo realmente delicioso, ¿verdad? Déjenme comenzar desde el principio, y leer de nuevo cada paso... (dándose cuenta que olvidó anotar que debía calentar primero el horno). ¿Qué haré? Bien, esto me recuerda Jeremías 29:11. Estoy muy feliz de que Dios no nos responda con: **"¡OH NO!"** cuando se refiere a nuestra vida. Los planes que Él tiene para ustedes son tan grandes que ya planeó de antemano una dulce vida para que la disfruten.
- En ese momento, puede pedirle a un asistente adulto que le lleve los cubiletes tibios (puede calentarlos en el microondas durante unos segundos si los preparó antes en casa).
- Esto hubiera sido una tragedia si nadie lo hubiera planificado. Estoy muy agradecido por ello. Y así como disfrutamos de las dulces sorpresas que nuestro Padre nos preparó, ustedes pueden saborear la dulce vida que Él preparó para ustedes ¡hoy!

La dulce vida • Vol. 3/1.ª semana • *Academia de Superniños*

OFRENDA  ¡NUNCA SE ACABA!

 **Tiempo necesario:** 10 minutos

Versículo para recibir la ofrenda: "...Y los hogares de los justos ¡cuán benditos son! Sus casas desbordan de riquezas y de generosidad que nunca se acaban". (Salmos 112:2-3, MSG)

Implementos: ☐ Un bolso grande, ☐ goma de mascar en paquetes individuales (colóquela dentro del bolso).

Instrucciones para recibir la ofrenda:

- Superniños, ¡vean este gran bolso! Hoy, quiero relatarles una historia acerca de un bolso grande y viejo como éste.
- Había una vez, una anciana y dulce abuela que tenía un bolso muy grande como éste.
- Su nombre era Any. ¿Cómo sé que esa abuela era dulce? Pues bien, ella amaba a Jesús con todo su corazón y siempre le hablaba a su familia de lo maravilloso que Dios es. Ella tenía muchos, muchos nietos y bisnietos. A ellos les gustaba mucho el bolso grande de la abuela Any porque...
- (Empiece a buscar en el bolso grande y saque una goma de mascar).
- ...ellos sabían que cada vez que la veían, recibían un chicle que ella sacaba de su gran bolso. Y aunque la abuela Any tenía muchísimos nietos, nunca les dijo que no tenía suficiente para cada uno de ellos. ¡Ese bolso debió ser muy pesado, pues llevaba mucha goma de mascar!
- En Salmos 112:2-3, se describe muy bien a esta abuelita. Ahí leemos: "...Y los hogares de los justos ¡cuán benditos son! Sus casas desbordan de riquezas y de generosidad que nunca se acaban" (MSG).

Pregunte: ¿Creen ustedes que este pasaje bíblico describe a la abuela Any?

- En la Palabra se nos enseña que las personas justas, quienes aman a Dios y le obedecen, serán bendecidas. También se nos explica que tendrán en abundancia para dar. Y también tendrán corazones generosos. Quizá la parte más importante del versículo es la que declara que nunca se acaba lo que tienen para dar. Sucederá lo mismo que con el bolso de la abuela Any, éste nunca se quedaba sin goma de mascar.
- ¿Qué pueden realizar para ser como la abuela Any? Sólo tengan un corazón generoso que ame a Dios. Estén preparados para dar en cualquier momento. Al hacerlo, Dios cumplirá Su parte y se asegurará de que ustedes siempre tengan lo suficiente para bendecir a otros. ¡Su provisión nunca se acabará!

NOTAS:

Academia de Superniños • Vol. 3/1.ª semana • La dulce vida

 BOSQUEJO DE LA LECCIÓN — LA DULCE VIDA

 **Versículo para memorizar:** «Porque yo sé muy bien los planes que tengo para ustedes —afirma el Señor—, planes de bienestar y no de calamidad, a fin de darles un futuro y una esperanza». (Jeremías 29:11, NVI)

I. DIOS TIENE PLANIFICADO UN BUEN FUTURO PARA USTEDES
Jeremías 29:11-14

a. El plan de Dios para su futuro es como un tesoro. Nosotros lo llamamos: ¡La dulce vida!

b. En la Palabra se nos enseña que Dios expresa: "Búsquenme con fervor, y me encontrarán".

c. Para encontrar cualquier tesoro valioso se requiere de determinación, y para vivir la dulce vida se necesita de decisión.

d. El Padre ha diseñado de antemano cada momento de su vida. Salmos 139:16

II. EL DIABLO ES UN PIRATA Juan 10:10

a. "El pirata" quiere robar nuestro tesoro y destruir nuestro futuro.

b. Las armas de Satanás son como piratas.

c. Algunos de sus "piratas" son: la avaricia, el egoísmo, el temor, la duda, la contienda, el robo, la mentira.

d. Otros "piratas" pueden ser: la ira, la tristeza, los celos, el miedo, el odio y la muerte.

III. NO ESCUCHEN A NINGÚN PIRATA

a. El plan del pirata consiste en: robar, matar y destruir.

b. Dios aborrece el pecado (es decir, a los piratas) porque los alejan a ustedes del tesoro.

c. El plan de Dios es un futuro emocionante, éste incluye: salud, riquezas y fabulosas aventuras. ¡Es un tesoro!

d. La dulce vida es la más asombrosa búsqueda de un tesoro. Efesios 2:10, NTV

Una palabra de la comandante Kellie: Esta serie de lecciones, le ayudará a enseñarles a sus superniños cosas muy importantes de manera eficaz. Si ellos aprenden acerca de la dulce vida, y se determinan a vivir conforme a ésta; influirá en ellos para toda la vida. Ésa es la clave para obtener éxito como creyentes (Eclesiastés 12:13). Cuando les enseñamos a nuestros niños que Dios ha planeado una sorprendente vida para nosotros, los estamos equipando con un propósito tangible y comprensible para que obedezcan Sus instrucciones y sigan Su dirección. De ahora en adelante, cuando se refiera a esa dulce vida, sus niños pensarán: "Dios tiene un asombroso plan para mi vida". Con esta enseñanza, les está proveyendo una manera de comprender LA BENDICIÓN; la cual es la dulce vida. También es importante que entiendan quiénes son los piratas. Ésta es una gran manera para que ellos comprendan cómo el pecado puede impedir que vivan conforme a LA BENDICIÓN. Ellos podrán expresar: "No permito que ese pirata de _____ me derrote". Llene el espacio en blanco (contienda, miedo, duda, etc.) y ellos comprenderán el concepto. También es una buena oportunidad para involucrar a los padres. Expliquémosles qué están aprendiendo sus hijos, a ellos les encantará ponerlo en práctica en casa al momento en que los niños permitan que el pirata de "contienda" se acerque. Los niños, las familias y las iglesias cambian cuando se escoge vivir conforme al plan de la dulce vida.

Serie: El plan de Dios es un tesoro

La dulce vida • Vol. 3/1.ª semana • *Academia de Superniños*

TIEMPO DE LECTURA — LA LIBERACIÓN DE UN ESCLAVO

Consejo para involucrar a los adolescentes: Repasar el guion antes de iniciar la clase e involucrar a los adolescentes como auxiliares es una gran forma de mantener a los niños involucrados y atentos.

Consejo para el maestro: Se le dan opciones para desarrollar la presentación de la historia.

Consejos para el dibujante: Corte el papel según el tamaño del pizarrón y péguelo. Trace a lápiz un boceto del dibujo, antes de realizar la presentación de la lección. Pues quizá no haya tiempo para completarlo y colorearlo en la escena. Difumine las líneas con borrador, a fin de que sean visibles para el dibujante, no para el público. Lea antes el guion, y así podrá determinar el tiempo que necesitará para terminar la ilustración en el escenario. Cuando inicie la historia, use marcador negro para resaltar el dibujo, siguiendo las líneas guía. Después coloréelo, usando tizas de color pastel. Luego difumine los colores con un pedazo de tela. Finalmente, quite el papel del pizarrón, enróllelo, amárrelo con bandas elásticas, y luego regáleselo a un niño.

Implementos para el dibujo: ☐ Caballete (para colocar el poliestireno expandido), ☐ 1 pieza grande de poliestireno expandido (Se recomienda una de 30" x 48", la cual puede comprar en una tienda de manualidades), ☐ 1 rollo de papel blanco tamaño pancarta (comprado ya sea en una tienda de material para maestros o de manualidades) ☐ marcadores negros (para el boceto y para delinearlo), ☐ tizas color pastel (de una tienda de manualidades), ☐ trapos (para mezclar la tiza), ☐ tijeras (para cortar el papel a la medida que se necesita), ☐ cinta adhesiva (para pegar el papel al poliestireno expandido), ☐ bandas elásticas (para amarrar el dibujo que se regalará), ☐ mesa pequeña (para colocar los implementos durante la lección), ☐ lápiz y borrador (los lápices de grafito son mejores), ☐ bata (para mantener limpia la ropa del dibujante).

Antes de la lectura:

De las siguientes opciones de presentación, escoja cuál se adapta mejor para su equipo:

1. Tiempo de lectura:

Seleccione su elenco con antelación (pueden ser miembros del equipo o superniños que sepan leer bien, y que además, tengan talento dramático y sean expresivos) para que lean las líneas de los personajes de la obra. La cantidad de personas que seleccione dependerá de cuántos personajes tengan líneas en la historia o cuántas personas tenga disponibles. Si no cuenta con muchas, puede utilizar una persona para que lea dos personajes. Sólo asegúrese que las voces sean distintas. Saque copias del guion y resalte las líneas de cada uno. Le sugerimos que realicen antes un ensayo de lectura, a fin de asegurarse que la lectura fluya. Para añadirle diversión, usen disfraces. Al principio de la historia, presente a su elenco.

Lista de personajes/disfraces:

Miguel	Sombrero de marinero (gorra roja con blanco o un pañuelo)
Josué	Sombrero de pirata, peluca, cadenas
Capitán Tyrus	Sombrero de capitán, parche para el ojo
Deven	Camisa de seda, arete dorado en forma de aro, de clip
Rey	Corona
Loro	Un pico, y se llamará: *Sagaz*

2. Una historia ilustrada:

Si hay algún dibujante en su equipo, será de gran ayuda para su presentación. Mientras se lee la historia, el artista puede realizar un dibujo en relación al tema, el cual se regalará como premio al finalizar. Utilice este premio como

Serie: El plan de Dios es un tesoro

incentivo para los superniños, a fin de que permanezcan callados y presten atención. Al inicio, deberá comprar algunos implementos, pero no permita que esa compra lo disuada para no utilizar esta opción. Una vez que compre el material, éste le durará mucho tiempo y podrá usarlo de nuevo.

El joven Miguel había sido esclavo del feroz barco pirata Infernus —aproximadamente durante 12 años—. Pero nadie había llevado la cuenta, pues él era un humilde aprendiz de marinero. Él silbaba mientras limpiaba la cubierta más baja del barco. Éste era el único trabajo que le daba consuelo. Su único amigo en el mundo era un prisionero de una de las celdas a las que daba un cuidado extra al limpiar. Era curioso que Miguel ni siquiera supiera el nombre de su mejor amigo. Pero nunca antes nadie le había mostrado la amabilidad que este joven amigo le había demostrado. Mientras Miguel trabajaba, su amigo silbaba junto a él hasta que el capitán les gritaba desde la parte de arriba como de costumbre.

—¡Huérfano! —él sentía cómo el aire atravesaba el grito del capitán.

—Debo irme —le susurraba Miguel a su amigo.

—¡Huérfano! ¿Dónde está el escuálido niño? —se oía de nuevo el grito.

—¿Por qué le permites que te trate así? —le preguntó el prisionero. El rostro de Miguel se tornó blanco de temor cuando el capitán se asomó por la puerta. El capitán Tyrus era la imagen de la crueldad máxima, y tenía una nariz aguileña y una expresión desdeñosa que nunca desaparecía. Su ojo bueno era más negro que el pecado. Y aunque su estatura era pequeña, su apariencia era lo suficientemente horrible como hacer arrodillar a cualquier otro tuerto.

—¿Dónde has estado, muchacho? —le preguntó el capitán, tomándolo del cuello.

—He estado limpiando la cubierta, señor —le respondió Miguel, pudiendo apenas hablar.

—Estabas perdiendo tu tiempo con el prisionero, huérfano. Ahora, regresa a trabajar o te echaré a los tiburones —le ordenó el capitán, luego lo empujó y regresó a la cubierta. Con la cabeza retumbándole, Miguel se levantó del piso.

—Tyrus es malo —aseguró el amable prisionero—. Debemos escapar de aquí.

—Es imposible. Mi cárcel es peor que la tuya —replicó Miguel con un tono de derrota.

—Hay una forma de lograrlo. Pero debes confiar en mí.

—No sé —respondió Miguel, pues a él nunca se le había ocurrido esa idea.

—Vamos, Miguel ¿qué podrías perder?

—Ni siquiera sé tu nombre y tú quieres rebelarte —expresó Miguel, empezando a preocuparse por la inesperada rebeldía.

—Calla... sólo confía en mí... y yo confiaré en ti.

—¿Cómo? —respondió Miguel, confundido.

—Sé que puedo confiar en ti, Miguel, pero debes seguir mis instrucciones...

—Está bien —respondió Miguel en acuerdo, dándose cuenta que en realidad no tenía nada qué perder.

—Mi nombre es Josué —expresó el prisionero—. Mi padre me envió a buscar un tesoro, y me dio un mapa; pero el capitán Tyrus atacó mi barco y lo robó. Sin embargo, no sabe cómo usarlo. Ahora, nos encontramos cerca de la isla y puedes recuperar el mapa y el tesoro. Te diré dónde está el mapa y te explicaré cómo usarlo si prometes regresar por mí.

—¡Un tesoro enterrado! ¡Sólo quiero salir con vida de aquí! —exclamó Miguel.

—Pues bien, harás más que eso. Nos dividiremos el tesoro en dos partes. ¿Trato hecho?

—Seguro —Miguel y Josué se estrecharon las manos entre las rejas de la prisión, mientras en silencio conspiraban para recuperar el mapa.

Al siguiente día, Miguel pudo observar que la isla del tesoro de Josué se encontraba a una distancia corta. Esa noche él se metió a la oficina del capitán para robar el mapa de su escritorio. Luego se reportó con Josué, así como lo habían planeado. —Ahora bien, el capitán no sabe que le falta la clave para el mapa —aseguró Josué.

—¿Cuál es?

—Mi mascota, el loro... debes decirle las pistas del mapa y él te dirá lo que realmente significa. Actuará como tu intérprete. Su nombre es Sagaz. Sólo llámalo, y él llegará a ti. Ahora bien, como *Sagaz* no te conoce, deberás darle mi nombre; pues sólo así hablará contigo.

De pronto, Miguel comprendió, y expresó: —Por esa razón, no le has dicho a nadie tu nombre.

—Exacto. Además, debes llevarte mi brújula —le dijo Josué, sacándosela de su bolsillo para entregársela a Miguel.

—No te preocupes. Regresaré tan pronto como sea posible.

—Lo sé. Ahora, apresúrate antes de que te descubran.

Con una linterna, la brújula y el mapa en mano; él se escabulló fuera de la prisión y se escondió en una de las lanchas. La noche estaba tan oscura que apenas podía ver cómo se movía el bote. Pero logró bajarlo en el oscuro mar, y comenzó a remar con libertad. Incluso en la oscuridad de la noche, se sintió más liviano y más libre que nunca en su vida.

Cuando llegó a la playa, estaba tan emocionado por estar lejos del Infernus que deseaba gritar y correr por su nueva libertad. Sin embargo, sabía que esa libertad todavía pendía de un hilo. Entonces al momento que brincó a la orilla, se fue directo a cumplir su trabajo. Llamó varias veces a Sagaz, y no pasó mucho tiempo para que el loro color rojo y amarillo se acercara aleteando. El hermoso loro se posó sobre el hombro del muchacho con un fuerte graznido.

—Silencio —le dijo Miguel al ave, con temor; pues no sabía si había piratas a su alrededor.

—Come más bananos —gritó con gran fuerza el loro.

—Guarda silencio, ahora —le susurró Miguel.

—Come más bananos —respondió el ave, interrumpiéndolo.

—Shh... ya no hables más de bananos. Debemos apresurarnos, de lo contrario los piratas...

—Come más bananos —lo interrumpió de nuevo el loro.

—¿Es eso todo lo que puedes decir? ¿Come más...?

—...bananos —concluyó *Sagaz*.

Miguel se había sumergido tanto en el tema de encontrar el tesoro que había olvidado las instrucciones de Josué. "Ya sé, Josué me envió para hablar contigo", expresó Miguel cuando recordó que así debía empezar.

—¿Cuál es la primera pista? —graznó *Sagaz*.

Miguel leyó la primera pista y juntos comenzaron a seguir el mapa hacia una "T". Mientras Miguel leía las pistas, el loro interpretaba el significado y lo guiaba hacia un nuevo punto. De vez en cuando, encontraban una trampa, pero Sagaz siempre sabía cuál era la mejor forma de esquivarla. Ambos trabajaron juntos casi toda la noche, hasta que no pudieron avanzar más. Se durmieron bajo una gran palmera, planeando continuar cuando amaneciera.

A la mañana siguiente, los piratas del Infernus se despertaron por la furia de Tyrus. Justo mientras salía el sol, un gruñido de enojo resonó por detrás de la cubierta: "¿QUIÉN SE ROBÓ MI MAPA DEL TESORO?".

Lleno de furia, el capitán se dirigió a la parte superior de la cubierta, aplastando todo lo que se encontraba en el camino. Él le gritó, amenazando a cada pirata a bordo. "Todos los sinvergüenzas vayan a la popa o serán alimento de tiburones".

Mientras toda la tripulación llegaba a la cubierta, pronto descubrieron quién faltaba. "¡HUÉRFANO!", gritó Tyrus con furia. Tyrus desenfundó su espada, y tanto su voz como la espada cortaron el aire: "¡Devuélveme mi mapa o te cortaré en dos!".

La tripulación se fue a buscarlo hasta que un pirata gritó: "Falta una lancha".

—Zarpen hacia la isla. Apresúrense, sinvergüenzas —gritó el capitán mientras regresaba a su cabina, siguiéndolo su hábil y primer oficial, Deven.

Al capitán Tyrus nunca le gustó que lo siguiera el sonido de la pata de palo de Deven. En su turbado estado emocional, Tyrus estaba buscando algo a qué dispararle. Entonces al momento que su puerta se cerró, apuntó su arma a la pata de palo de Deven.

—¡Espera! —gritó Deven levantando las manos—. La forma en que estás buscando a ese muchacho es incorrecta.

—¿Qué quieres decir? —le preguntó Tyrus, bajando el arma.

—He observado que el huérfano se hizo amigo de tu prisionero, y creo que él descubrió cómo descodificar tu mapa.

—¿Y cómo nos ayudará eso? —replicó Tyrus, lanzando su daga, la cual rozó el cráneo de Deven.

Deven tragó saliva al ver la cercanía del cuchillo, y terminó de explicarle: "Si él sabe cómo hallar el tesoro, no tendremos que hacerlo nosotros. Si encontramos al muchacho, encontramos el tesoro".

—Ese plan es mejor que obtener el tesoro por mí mismo.

ESTA HISTORIA CONTINUARÁ, LA PRÓXIMA SEMANA...
Escrito por Lyndsey Swisher

NOTAS:

LECCIÓN 2: LA "X" INDICA EL LUGAR

- BIENVENIDA Y ORACIÓN
- VERSÍCULO PARA MEMORIZAR
- TIEMPO PARA JUGAR
- SUPLEMENTO 1: LECCIÓN PRÁCTICA
- OFRENDA
- ALABANZA Y ADORACIÓN
- BOSQUEJO DE LA LECCIÓN
- SUPLEMENTO 2: TIEMPO DE LECTURA
- ORACIÓN, ANUNCIOS Y MATERIAL DE APOYO

Versículo para memorizar: «En él están escondidos todos los tesoros de la sabiduría y el conocimiento». (Colosenses 2:3, NTV)

Serie: El plan de Dios es un tesoro

Academia de Superniños • Vol. 3/2.ª semana • La "X" indica el lugar

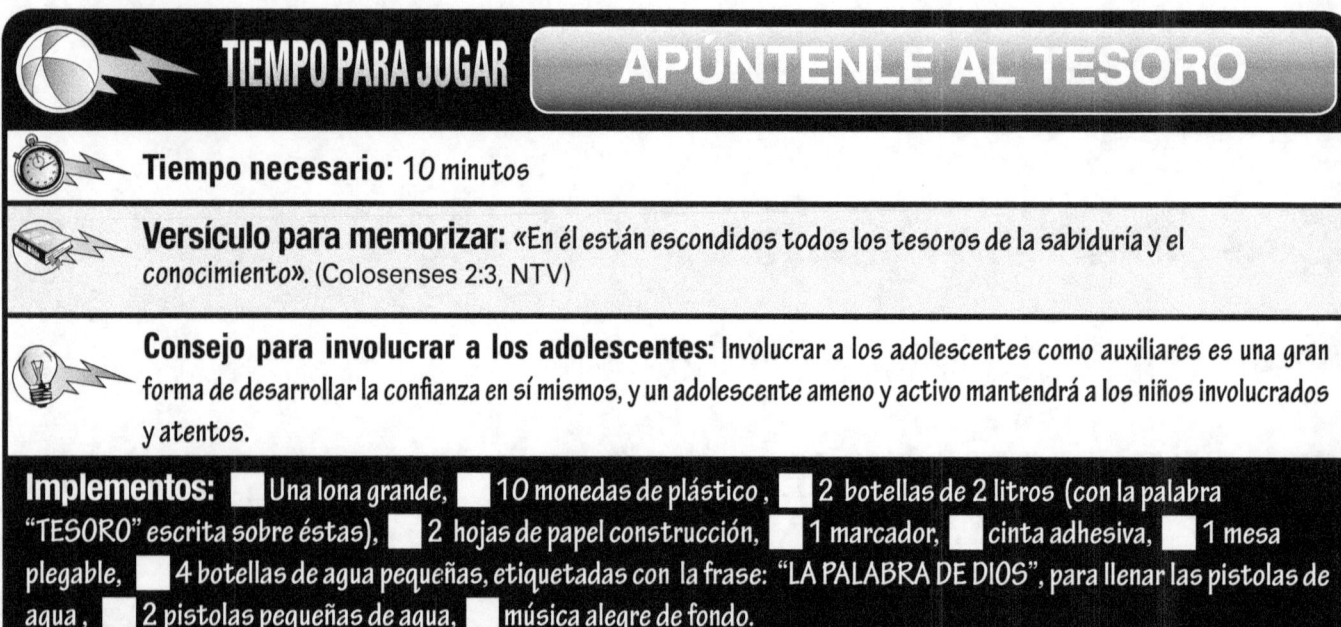

TIEMPO PARA JUGAR — APÚNTENLE AL TESORO

Tiempo necesario: 10 minutos

Versículo para memorizar: «En él están escondidos todos los tesoros de la sabiduría y el conocimiento». (Colosenses 2:3, NTV)

Consejo para involucrar a los adolescentes: Involucrar a los adolescentes como auxiliares es una gran forma de desarrollar la confianza en sí mismos, y un adolescente ameno y activo mantendrá a los niños involucrados y atentos.

Implementos: ☐ Una lona grande, ☐ 10 monedas de plástico, ☐ 2 botellas de 2 litros (con la palabra "TESORO" escrita sobre éstas), ☐ 2 hojas de papel construcción, ☐ 1 marcador, ☐ cinta adhesiva, ☐ 1 mesa plegable, ☐ 4 botellas de agua pequeñas, etiquetadas con la frase: "LA PALABRA DE DIOS", para llenar las pistolas de agua, ☐ 2 pistolas pequeñas de agua, ☐ música alegre de fondo.

Antes del juego:

- Cubra el área de juego con la lona plástica.
- Quítele las tapaderas a las botellas de dos litros, y colóquelas sobre la mesa.
- Recorte dos pedazos de papel construcción con la palabra "TESORO", y péguelos en las botellas de dos litros.
- Escriba la frase: "LA PALABRA DE DIOS" en dos botellas de agua pequeñas. Coloque una moneda del tesoro sobre cada botella de dos litros.
- Marque una línea de lanzamiento, usando cinta adhesiva, detrás de la cual se colocarán los cadetes.
- Reproduzca música alegre durante el juego, y determine el tiempo de duración de cada ronda.

Instrucciones del juego:

- Forme dos equipos con cuatro jugadores cada uno.
- A cada jugador se le dará una pistola llena de agua.
- Enfatice la importancia de llenar cada pistola con "LA PALABRA DE DIOS".
- El objetivo del juego es botar la moneda de la botella con una sola carga de agua en las pistolas.
- Una vez que hayan botado una moneda, pídale a un adolescente que coloque otra moneda.

Objetivo del juego:

El equipo que bote la mayor cantidad de monedas, ganará.

Aplicación:

Al igual que en el juego de hoy, entre más permanezcan llenos de la Palabra de Dios, ¡mejor se enfocarán en Su tesoro!

Serie: El plan de Dios es un tesoro

La "X" indica el lugar • Vol. 3/2.ª semana • Academia de Superniños

LECCIÓN PRÁCTICA — ESTUDIEN SU MAPA

Tiempo necesario: 10 minutos

Versículo para memorizar: «En él están escondidos todos los tesoros de la sabiduría y el conocimiento». (Colosenses 2:3, NTV)

Consejo para el maestro: La meta de esta lección es mostrar la diferencia entre leer la Palabra de una manera superficial y estudiarla. Para encontrar un tesoro, se requiere una búsqueda. Lo mismo ocurre con la Palabra. Una exhaustiva y apropiada búsqueda, ¡ayudará a descubrir el tesoro!

Implementos: ☐ Un mapa del tesoro (Puede hacerlo siguiendo las instrucciones abajo descritas), ☐ una lupa, ☐ un tesoro (Ejemplo: un juguete pequeño, un lapicero y un cuaderno de notas/diario, marcadores, etc.).

Antes de la actividad:

Esconda el tesoro antes de la clase. Cree un mapa del tesoro con un pedazo de papel pergamino arrugado. Trace un dibujo sencillo del salón de clases; incluya imágenes de los objetos que se encuentran en el salón. El mapa puede tener pistas escritas o dibujos que ayuden a encontrar el tesoro.

Instrucciones de la lección:

- Superniños, quizá no se han dado cuenta, pero hay un tesoro escondido en este salón. Es cierto, ¡justo aquí se encuentra un tesoro! Ahora, podríamos empezar a buscarlo, pero sería mucho más fácil si usáramos un mapa.

Pregunte ¿Trajo alguien un mapa?

- (Observe a todos los niños, como si buscara a alguien con un mapa).

Pregunte ¿Nadie?

- Bien, la buena noticia es que yo sí traje un mapa que nos ayudará a encontrar nuestro tesoro escondido.

Pregunte ¿Hay alguien que me pueda ayudar a leer el mapa? Si encuentra el tesoro ¡puede quedarse con él!

- (Elija un cadete que pueda leer o seguir las pistas del mapa. Permita que el cadete le dé un vistazo rápido al mapa… luego enróllelo de nuevo).
- Muy bien, ¡ahora vamos a buscar el tesoro escondido!
- (Será todo un reto encontrar el tesoro con solo un vistazo al mapa).

Pregunte Por qué no estás buscando el tesoro?

- (Explíqueles que necesitan ver detenidamente el mapa).

Pregunte ¿Crees que necesitas llevar el mapa contigo?

- Permita que el cadete se quede con el mapa en su búsqueda del tesoro. Cuando lo encuentre, ofrézcale al cadete el tesoro como recompensa por su búsqueda diligente.
- Ésta es una ilustración perfecta para explicarles que la Palabra es nuestro mapa del tesoro. Asegúrese de enfatizar la diferencia entre dar un vistazo y buscar. Cuando tenemos nuestro mapa celestial, ¡siempre encontramos el tesoro!

Conclusión:

Recuerden superniños que en Colosenses 2:3, leemos: «En él están escondidos todos los tesoros de la sabiduría y el conocimiento». Por tanto, nunca vayan a ningún lado sin el mapa más asombroso que jamás haya sido creado. Dios nos lo dio porque ¡desea que encontremos Su tesoro!

Serie: El plan de Dios es un tesoro

Academia de Superniños • Vol. 3/2.ª semana • La "X" indica el lugar

OFRENDA — ECHEN UN VISTAZO

Tiempo necesario: 10 minutos

Versículo para la ofrenda: «…mantengan sus ojos abiertos y sean prontos para responder…». (Romanos 12:8, MSG)

Implementos: ☐ Una bolsa con merienda (Ejemplo: un sándwich, una fruta o un vegetal y un postre).

Instrucciones para recibir la ofrenda:

- Hoy, trajimos algo con lo que están familiarizados: una merienda.
- Veamos qué contiene nuestra bolsa.
- (Saque los alimentos de la bolsa y colóquelos sobre la mesa).

 **Pregunte ¿Podrían ser estos alimentos una buena ofrenda?**

- Ahora bien, normalmente ustedes no colocarían un sándwich en la canasta de la ofrenda, pero hoy quiero relatarles la historia de un niño que colocó su merienda en la canasta de la ofrenda.
- Tyler estaba en primer grado y siempre llevaba merienda a la escuela. Disfrutaba de las galletas que su madre le enviaba, entonces a ella no le sorprendió cuando una mañana él le pidió cuatro galletas, y no dos. Pero ella le explicó que dos galletas eran suficientes para su merienda.
- Al siguiente día, él le preguntó a su madre si podía enviarle una banana extra. Su madre le dijo que su merienda era suficiente para un niño de su tamaño. Sin embargo, al tercer día cuando Tyler le pidió que le agregara un sándwich más, ella decidió investigar.
- Después de formularle un par de preguntas, descubrió que él se había hecho amigo de un niño de su clase llamado Avery, quien nunca llevaba merienda. Al final, se enteró que Tyler ¡compartía su merienda con Avery! Bien, después de enterarse de esa situación, la madre de Tyler comenzó a preparar doble porción, a fin de que su hijo pudiera compartir con su nuevo amigo.
- ¡Qué gran historia! Un niño de primer grado, con un corazón generoso, pudo compartir su merienda con un compañero que no llevaba. En Romanos 12:8, leemos: "…mantengan sus ojos abiertos y sean prontos para responder…". Superniños, ¿están listos para ir a buscar a alguien que necesita que ustedes le den? Y no olviden que tienen que ser prontos para responder. Si un niño de primer grado lo pudo hacer, entonces ¡todos nosotros también podemos!

Notas: _____

Serie: El plan de Dios es un tesoro

BOSQUEJO DE LA LECCIÓN — LA "X" INDICA EL LUGAR

Versículo para memorizar: «En él están escondidos todos los tesoros de la sabiduría y el conocimiento». (Colosenses 2:3, NTV)

I. LA PALABRA DE DIOS ES NUESTRO MAPA DEL TESORO
Salmos 119:9-13

a. Dios tiene un mapa del tesoro que los guía hacia el plan que Él tiene para sus vidas. ¡No se queden esperando!

b. Su Palabra nos guiará al lugar exacto donde se encuentra el tesoro.

c. Su mapa (la Palabra) expondrá nuestro destino, el cual se encuentra escondido en nuestro corazón. Eclesiastés 3:11

II. SIGAN EL MAPA, Y ENCUENTREN EL TESORO

a. Seguir este mapa requiere de búsqueda. Mateo 7:7

b. Si encontraran un mapa con un tesoro de verdad, ¿lo estudiarían y lo seguirían?

c. Estudiar la Palabra a profundidad ¡les ayudará a saber qué camino tomar para encontrar el tesoro! Santiago 1:25

d. Ustedes deben valorar el tesoro para desear seguir el mapa.

III. NO INTENTEN HACER SU PROPIO MAPA Santiago 1:13-17

a. Dios tiene un plan perfecto para que ustedes encuentren su tesoro. Isaías 45:2

b. No discutan con el Creador del mapa. Él sabe adónde necesitan ir. Isaías 45:11-13

c. Si siguen su propio mapa, se alejarán del lugar donde se encuentra el tesoro.

d. 1 Pedro 2:8, NTV: «...Tropiezan porque no obedecen la palabra de Dios...».

e. Nuestro Padre es el mejor creador de mapas y dador de tesoros. 1 Corintios 2:9-12

Una palabra de la comandante Kellie: Como maestro de la academia de superniños, usted está ungido para ayudarlos a que vean el plan de Dios en sus vidas como un verdadero tesoro que debe valorarse por sobre todas las cosas. Cuando se tiene esa perspectiva, se torna más fácil realizar algo más que sólo obedecer a Dios. Esto hace que deseemos someternos por completo a Su voluntad y a Su plan. Anime a sus superniños para que le pidan al Señor que los corrija, y les ayude a seguir el mapa que Él tiene para sus vidas. Enséñeles que la corrección es maravillosa. Ellos deberían buscarla, ya sea que venga de sus padres, maestros, pastores, etc. ¡Ésta es buena! Y además, es la clave para vivir (Efesios 6:1-3). Una día, le pedí a mi padre que les enseñara a mis hijos la clave para hallar su destino. En espera de una larga y profunda respuesta, tomé mi cuaderno de notas para escribir esa gran lección. Aunque era profunda, de manera maravillosa, no era nada complicada. Él expresó: «Obedezcan hoy, y al final del día estarán justo en el lugar donde Él quiere que se encuentren. Obedezcan mañana, día tras día, durante toda la semana; y se encontrarán justo donde Dios quiere que estén esa semana. Actúen igual durante un mes, un año, cinco años, 10 años, y toda su vida. Entonces serán y cumplirán todo lo que Él los ha llamado a ser y realizar». ¡Cielos! ¡Qué vidas tan extraordinarias vivirán nuestros superniños cuando vivan aferrados a ese gran tesoro!

Academia de Superniños • Vol. 3/2.ª semana • La "X" indica el lugar

TIEMPO DE LECTURA — LA LIBERACIÓN DE UN ESCLAVO

Consejo para involucrar a los adolescentes: Repasar el guion antes de iniciar la clase e involucrar a los adolescentes como auxiliares es una gran forma de mantener a los niños involucrados y atentos.

Consejo para el maestro: Se le dan opciones para desarrollar la presentación de la historia.

Consejos para el dibujante: Corte el papel según el tamaño del pizarrón y péguelo. Trace un boceto a lápiz del dibujo, antes de realizar la presentación durante la lección. Pues quizá no haya tiempo para completarlo y colorearlo en la escena. Difumine las líneas con borrador, a fin de que sean visibles para el dibujante, no para el público. Lea antes el guion, y así podrá determinar el tiempo que necesitará para terminar la ilustración en el escenario. Cuando inicie la historia, use marcador negro para resaltar el dibujo, siguiendo las líneas guías. Después coloréelo, usando tizas de color pastel. Luego difumine los colores con un pedazo de tela. Finalmente, quite el papel del pizarrón, enróllelo, amárrelo con bandas elásticas, y luego regáleselo a un niño.

Implementos para el dibujo: ☐ Caballete (para colocar el poliestireno expandido), ☐ 1 pieza grande de poliestireno expandido (Se recomienda una de 30" x 48", la cual puede comprar en una tienda de manualidades), ☐ 1 rollo de papel blanco tamaño pancarta (comprado ya sea en una tienda de material para maestros o de manualidades) ☐ marcadores negros (para el boceto y para delinearlo), ☐ tizas color pastel (de una tienda de manualidades), ☐ trapos (para mezclar la tiza), ☐ tijeras (para cortar el papel a la medida que se necesita), ☐ cinta adhesiva (para pegar el papel en el poliestireno expandido), ☐ bandas elásticas (para amarrar el dibujo que se regalará), ☐ mesa pequeña (para colocar los implementos durante la lección), ☐ lápiz y borrador (los lápices de grafito son mejores), ☐ bata (para mantener limpia la ropa del dibujante).

Antes de la lectura:

De las siguientes opciones de presentación, escoja cuál se adapta mejor para su equipo:

1. Tiempo de lectura:

Seleccione su elenco con antelación (pueden ser miembros del equipo o superniños que sepan leer bien, y que además, tengan talento dramático y sean expresivos) para que lean las líneas de los personajes de la obra. La cantidad de personas que seleccione dependerá de cuántos personajes tengan líneas en la historia o cuántas personas tenga disponibles. Si no cuenta con muchas, puede utilizar una persona para que lea dos personajes. Sólo asegúrese que las voces sean distintas. Saque copias del guion y resalte las líneas de cada uno. Le sugerimos que realicen antes un ensayo de lectura, a fin de asegurarse que la lectura fluya. Para añadirle diversión, usen disfraces. Al principio de la historia, presente a su elenco.

Lista de personajes/disfraces:

Miguel	Sombrero de marinero (gorra roja con blanco o un pañuelo)
Josué	Sombrero de pirata, peluca, cadenas
Capitán Tyrus	Sombrero de capitán, parche para el ojo
Deven	Camisa de seda, arete dorado en forma de aro, de clip
Rey	Corona
Loro	Un pico, y se llamará: *Sagaz*

2. Una historia ilustrada:

Si hay algún dibujante en su equipo, será de gran ayuda para su presentación. Mientras se lee la historia, el artista puede realizar un dibujo en relación al tema, el cual se regalará como premio al finalizar. Utilice este premio como incentivo para los superniños, a fin de que permanezcan callados y presten atención. Al inicio, deberá comprar algunos implementos, pero no permita que esa compra lo disuada para no utilizar esta opción. Una vez que compre el material, éste le durará mucho tiempo y podrá usarlo de nuevo.

Serie: El plan de Dios es un tesoro

CONTINUACIÓN...

Consejo para el maestro: Leerles el resumen de la historia abajo descrito, ayudará a los cadetes a recordar dónde se quedó el relato de la semana pasada.

RESUMEN DE LA HISTORIA:

Miguel, un niño huérfano, es esclavo en el barco pirata *Infernus*.

Miguel se hace amigo de Josué, un prisionero en el barco. Josué se convirtió en prisionero cuando Tyrus, el capitán del *Infernus*, atacó su barco mientras él buscaba un tesoro.

Con la dirección y ayuda de Josué, Miguel busca el mapa del tesoro que el capitán Tyrus robó, luego se escabulle durante la noche, y rema hacia una isla en búsqueda del tesoro escondido.

El loro, la mascota de Josué, ayuda a Miguel a descifrar el mapa del tesoro, y también a evitar las trampas mientras buscan el tesoro. Sin embargo, hay un peligro en el que *Sagaz* no puede ayudar a Miguel... enfrentar a los piratas del *Infernus*, quienes buscan a Miguel y al tesoro.

Continuemos...

Ambos empezaron a reírse de forma malévola por el plan que tenían para atrapar a Miguel y obtener el tesoro. Luego el capitán añadió: "Y cuando lo encontremos... ese huérfano ¡deseará no haber nacido!".

En la isla, Miguel y *Sagaz* habían salido al amanecer para terminar de encontrar las pistas. Las trampas y descifrar las pistas se estaban tornando cada vez más difíciles. Pero como siempre, *Sagaz* sabía de alguna manera cómo evitar las trampas y cómo descifrar esos enigmas. Al finalizar la tarde, llegaron a la última pista del mapa. *Sagaz* expresó: "la segunda y la tercera roca de la cueva".

Miguel le susurró a *Sagaz*: "¿Hay alguna trampa aquí?" Desde su hombro, *Sagaz* le respondió: "Hay redes. Debajo de las hojas". Entonces con mucho cuidado pisó una roca. Cuando levantó la segunda, encontró una cuerda larga. Bajo la tercera, halló un agujero lo suficientemente grande para que él entrara. A través de éste, había un agujero de 5 metros de profundidad hacia el tesoro más grande que jamás había visto. Hasta donde podía ver, había oro, diamantes y todo tipo de piedras preciosas apiladas por montones. Por un segundo, su corazón se detuvo con sólo pensar en poseer esas riquezas.

Poco tiempo después, cuando sacó su cabeza del agujero, Miguel escuchó murmullos entre los árboles. Se regresó, sabiendo que los piratas estaban muy cerca. Con pesar, Miguel se dio cuenta que ahora debía enfrentarlos. ¡Y era mejor que lo hiciera antes de que llegaran al tesoro! Pero lo más importante, era que aún tenía dos ventajas sobre ellos: la sabiduría de Sagaz y el mapa. ¿Pero cómo podía usarlos para atraparlos?

Sin encontrar otra salida, Miguel gritó: "Capitán Tyrus, sé que está afuera".

El capitán estaba sorprendido por haber sido descubierto en su trampa, pero él sabía cómo manipular al muchacho.

—Muy bien, huérfano —le respondió, mientras él y sus hombres salían de entre los árboles—. Dame el mapa y el ave, y te dejaré vivir.

Los piratas se rieron con fuerza hasta que Miguel gritó: "¡No le beneficiará en nada! Usted no sabe cómo usarlo".

—Cálmate, pequeño —expresó Tyrus—. Sólo estaba bromeando contigo. Sabes que hay suficiente para todos. Entonces te sugiero que juntos saquemos el tesoro.

—¿Dónde está el prisionero del barco? —replicó Miguel, recordándose de su amigo Josué.

—No te preocupes por él, muchacho; él se encuentra a salvo. Haré un trato contigo: Guíame al tesoro, y ambos serán libres. Luego, podrás formar parte de nuestra tripulación, e incluso les compartiré el tesoro.

Ese trato comenzaba a parecerle genial a Miguel. Eso representaba una libertad segura para él y para Josué. Incluso sería tan rico como el capitán. El único problema era que sabía que su amigo no lo aprobaría. Josué nunca estaría de acuerdo con formar parte de la tripulación del *Infernus*. También sabía que no podía confiar en el capitán Tyrus. Entonces decidió rechazar el trato, y arriesgarlo todo.

—Si quiere el mapa del tesoro, Tyrus, venga por éste —gritó Miguel con determinación.

—¿Entonces tenemos un trato? —preguntó Tyrus, bajando su daga.

—No —replicó Miguel—. Jamás lo ayudaré a incrementar sus tesoros ni formaré parte de su tripulación. Si quiere este mapa, tendrá que arrancármelo de las manos.

—Tenemos otra forma de persuadirte, huérfano —contestó furioso el capitán, y les gruñó a sus hombres—. Bueno, no se queden ahí parados, tontas ratas. ¡Captúrenlo! Y recuerden que ¡quiero el mapa intacto! Sucios gritos de batalla llenaron la isla mientras toda la tripulación se abalanzaba sobre Miguel.

El temor surgió y trató de embargar su corazón al ver que los hombres se acercaban, y al escuchar el sonido de sus gritos. Pero mientras volteaba su mirada hacia *Sagaz*, lo único que Miguel sentía era independencia. Por primera vez en su vida se había enfrentado al capitán Tyrus. Miguel sabía que Josué estaría orgulloso de la decisión que había tomado. Cerró sus ojos, pues estaba listo para recibir el castigo de la tripulación. Pero nunca llegaron a él. Impactado, abrió sus ojos, y no había piratas a la vista. Sin embargo, aún podía oírlos. Él vio hacia arriba y estaban atrapados, por la red de la que *Sagaz* le había advertido. Lleno de alivio, se acordó del tesoro. Pero viendo hacia las redes una vez más, se preguntó cuánto tiempo detendría la vieja trampa a esos aterradores piratas. "No mucho", expresó dándole voz a sus pensamientos. Seguro que no el suficiente tiempo para llevar todo el tesoro al bote y también liberar a Josué. No había duda en Miguel. Él tenía que regresar al barco sin el tesoro, y debía hacerlo rápido. Miguel dejó atrás su sueño de obtener grandes riquezas y salió corriendo recordando a su mejor amigo en el mundo. Llegó a la lancha y remó más rápido que nunca. Al llegar al barco, se apresuró a liberar a Josué de sus grilletes. Mientras comenzó a abrir la puerta de la prisión, Miguel le pidió disculpas: "No tengo el tesoro. Los piratas me encontraron, y no hubo tiempo para traerlo y escapar de ellos".

Pero a Miguel no le sorprendió que Josué no estuviera enojado. Él simplemente respondió: "Bien, entonces zarpemos".

—¿Nosotros solos? —vociferó Miguel mientras llegaban a la cubierta.

—No te preocupes, yo iré al timón. Iza las velas —mientras lo hacían, vieron a la tripulación del *Infernus* corriendo hacia la playa y escucharon el grito furioso del capitán: "Nunca se llevarán ese bote de estas aguas, cobardes. Los perseguiré, no importa adónde vayan…". Las continuas palabrerías del capitán menguaron por la distancia del agua que los separaba.

Luego de unos cuantos días, Miguel comenzó a darse cuenta que no conocía las aguas por donde navegaban. Entonces se dirigió hacia su nuevo capitán, Josué, y le preguntó de forma directa: "¿Adónde vamos?".

—A casa, por supuesto —contestó Josué.

—¿Dónde es? Nunca he tenido un hogar —admitió Miguel, sintiéndose avergonzado.

—Ya pensé en eso, y sé cómo lo solucionaremos. Puedes vivir en mi casa.

—¿Estás seguro? —preguntó Miguel con seriedad.

—Sí, estoy convencido que mis padres te amarán —la respuesta de Josh casi lo hizo llorar. Su vida había cambiado de forma dramática. La visión de navegar hacia su nuevo hogar le dio nuevas fuerzas. Ambos zarparon con el deseo de ir a casa.

Cuando arribaron a la ciudad de Josué, Miguel se sorprendió ante tal bienvenida. Había un gran desfile y celebración en las calles. Gritos de alegría resonaban a millas a la redonda mientras cada habitante se acercaba a saludarlos. El carruaje se detuvo, y Josué exclamó: "¡Llegamos a casa!". Miguel se quedó anonadado al darse cuenta que ese hogar era un gran castillo. Sintió desmayarse al ver al rey acercase a él, pues él era un insignificante esclavo de un barco pirata. "¡Padre!", exclamó Josué, mientras corría hacia el rey. Miguel nunca se hubiera imaginado que ése era el hogar del que Josué hablaba. Él se alejó, pues no quería ser imprudente. Cuando Josué le dijo que podía vivir con él, de seguro se refería a que podía ser su sirviente.

Mientras se alejaba, escuchó la prominente, pero amable voz del rey: "¿Adónde vas?". Miguel se volteó asombrado y sin palabras. "No puedes alejarte de tu nueva familia, hijo".

Miguel respondió: "Señor, puedo ser su sirviente. Yo podría ser su...". Pero el rey lo interrumpió: "Josué no te trajo para que seas un sirviente. Te trajo para que seas un príncipe en esta tierra, un heredero al trono, y para que seas mi hijo".

Después de unos días, coronaron a Miguel como hijo propio del rey. Él estaba tan sumergido en su nueva vida que olvidó por completo el tesoro. Pasaron unas cuantas semanas antes que Miguel recordara el tesoro que había perdido.

—Padre —expresó él—, por favor, perdóname por haber perdido el tesoro. Fue mi culpa.

—Ven conmigo —replicó el rey mientras llevaba a Miguel y a Josué a través de numerosos pasillos y habitaciones. Los guió a través de incontables pasadizos secretos y pasillos ocultos, luego se detuvo ante unas hermosas puertas. El rey sacó un juego de llaves, y las abrió diciendo: "Hijo, nunca más te preocupes por esos pequeños tesoros. Tengo más que suficiente aquí, y todo lo que tengo es tuyo". Cuando el rey las abrió con gentileza, Miguel vio grandes cantidades de oro fino y piedras invaluables. Luego, su padre abrazó al nuevo príncipe, y añadió: "Josué recuperó todo el tesoro que yo buscaba".

Fin

Escrito por Lyndsey Swisher

NOTAS

LECCIÓN 3: PERMANEZCAN EN EL CAMINO

- BIENVENIDA Y ORACIÓN
- VERSÍCULO PARA MEMORIZAR
- TIEMPO PARA JUGAR
- SUPLEMENTO 1: DRAMA
- OFRENDA
- ALABANZA Y ADORACIÓN
- BOSQUEJO DE LA LECCIÓN
- SUPLEMENTO 2: LECCIÓN PRÁCTICA
- ORACIÓN, ANUNCIOS Y MATERIAL DE APOYO

Versículo para memorizar: «Lámpara es a mis pies tu palabra, y lumbrera a mi camino». (Salmos 119:105)

Serie: El plan de Dios es un tesoro

Academia de Superniños • Vol. 3/3.ª semana • Permanezcan en el camino

TIEMPO PARA JUGAR — BÚSQUEDA DE FIDEOS

Tiempo necesario: 8-10 minutos

Versículo para memorizar: «Lámpara es a mis pies tu palabra, y lumbrera a mi camino». (Salmos 119:105)

Consejo para el maestro: Escoja dos cadetes como ayudantes. Ellos pueden ayudarle con las vendas, a contar monedas y a limpiar. Ese tipo de tareas de 'ayudas ministeriales' se convierte en parte de la vida de sus superniños. Desarrolle el liderazgo en sus cadetes en cada oportunidad que tenga, y pronto serán ¡los mejores miembros de su equipo!

Consejo para involucrar a los adolescentes: Involucrar a los adolescentes como auxiliares es una gran forma de desarrollar la confianza en sí mismos, y un adolescente ameno y activo mantendrá a los niños involucrados y atentos.

Implementos: ☐ Una mesa, ☐ 1 caja de fideos "Ramen", ☐ 2 tazones grandes transparentes, ☐ 100 centavos, ☐ 2 vendas, ☐ 2 platos, ☐ una cuchara grande para mezclar los fideos, ☐ 1 rollo de papel para limpiar, ☐ música alegre de fondo.

Antes del juego:

- Distribuya los fideos "Ramen" de manera equitativa en los dos tazones transparentes. Sumerja los fideos en agua la noche anterior a este juego: "Buscando en los fideos".
- Coloque los dos tazones con fideos en la mesa, con un plato al lado de cada uno.
- Divida los centavos y colóquelos dentro de cada tazón.
- Revuelva los fideos y los centavos con una cuchara grande.
- Escoja dos jugadores, y véndeles los ojos. Pídales que se coloquen tras su tazón y frente al resto de los niños en la clase.

Instrucciones del juego:

- ¡Hola, cadetes!

Pregunte ¿Quién está listo para jugar?

Pregunte ¿Quién está dispuesto a que le vendemos los ojos?

- (Escoja dos jugadores). Saben, cuando alguien está vendado de los ojos es como si estuviera en la oscuridad.

Pregunte ¿Sabían que es mucho más difícil encontrar algo cuando están en la oscuridad?

- Dígales a los jugadores: "Bien, en el juego de hoy, tendrán que buscar centavos en la oscuridad".

Pregunte ¿Van a aceptar el reto?

- Veamos qué tan bien lo hacen.
- Nuestros participantes estarán vendados, y cuando comience la música, buscarán los centavos en sus tazones con fideos. Cuando encuentren un centavo, lo colocarán en el plato que está a un costado. (Para añadirle más emoción al juego, reproduzca música durante la búsqueda). Quien encuentre más centavos antes de que la música se detenga, ¡ganará!

Aplicación:

Recuerden, superniños, cuando hacen brillar la luz de la Palabra en sus vidas, se cae la venda de sus ojos; y pueden "ver" las buenas cosas que ¡el Padre ha reservado para ustedes!

Serie: El plan de Dios es un tesoro

DRAMA

EL GUARDIÁN DEL MAPA: ¿QUIÉN NECESITA UNA LINTERNA?

Concepto: Dos amigos emprenden un viaje con un mapa del tesoro, mientras que el capitán Diablo intenta detenerlos con trampas.

Personajes:
Bethy o Blake: el (la) líder
Alicia: un poco engreída
Capitán Diablo: un pirata

Disfraces:
Bethy o Blake: jeans, camisa estilo explorador, sombrero, mochila
Alicia: atuendo femenino, color rosado o morado
Capitán Diablo: un parche, camisa de seda, chaleco, botas y pantalones negros, sombrero pirata o pañuelo, un arete dorado de clip.

Implementos: ☐ Un mapa del tesoro: Puede hacerlo al sumergir un pliego de papel construcción o pergamino blanco en té, a fin de darle una apariencia añeja. ☐ Una linterna, ☐ lodo para mancharle el rostro, los brazos y las manos a Alicia después de que se pierda.

(La escena comienza con Blake y Alicia sosteniendo el mapa del tesoro; el capitán Diablo se acerca sigilosamente mientras Blake empieza a hablar).

BLAKE:
Muy bien, sabemos que hay un tesoro allá afuera y creo que tenemos todas las herramientas para encontrarlo, excepto una linterna.

(El capitán Diablo le susurra a Alicia en el oído).

ALICIA:
¿Una linterna? No puedo cargar una vieja y sucia linterna.
Además, cuando eres brillante y hermosa como yo, no necesitas más luz.

BLAKE:
Bien, no cargues la linterna. Sólo consigue una, y yo la llevo.

(Alicia se marcha del escenario para conseguirla).

BLAKE:
Bueno, lo más importante que necesitamos para hallar el tesoro es este mapa.

(El capitán Diablo le susurra a Blake).

BLAKE:
Mmm, me pregunto si debería confiar en este mapa. ¿Qué pasaría si es falso?
Podría tener errores. Quizá sea una locura confiar en este viejo mapa.

(Alicia regresa con la linterna, y se la entrega a Blake, y luce disgustada por tocarla).

ALICIA:
Eso no fue lo que dijiste antes. ¿Recuerdas? Me aseguraste que el mapa nos guiaría al tesoro y nos alejaría del peligro.

BLAKE:
Es cierto. No sé en qué estaba pensando. Creo que me dejé llevar por mis sentimientos.
¡Hagámoslo! Tú lees el mapa mientras yo sostengo la linterna.

(El capitán Diablo reacciona con enojo, y vuelve a susurrarle a Alicia).

ALICIA:
Sabes, soy mala descifrando mapas, acertijos y esas cosas. No puedo leer el mapa.

BLAKE:
Bien, no puedo leer el mapa, y al mismo tiempo sostener la linterna.
Tendrás que sostenerla, esté sucia o no.

(Blake mira el mapa, y Alicia comienza a refunfuñar).

ALICIA:
Sostener la linterna. Eso es absurdo. Ni siquiera está oscuro.
Acabo de arreglarme las uñas. Y mira, acabo de ¡romperme una con el interruptor!
Mejor me regreso a traer mi lima.

(Alicia baja la linterna y se sale del escenario, Blake jamás se da cuenta que Alicia se va, y sigue viendo el mapa mientras habla).

BLAKE:
¡Ya lo descifré! Muy bien, sólo debemos seguir hacia el Sureste hasta que
encontremos el depósito de agua. Luego atravesar un túnel.
¡Qué bueno que tenemos una linterna!

(Blake alza la vista, y el capitán Diablo baila alrededor con alegría).

BLAKE:
¿Alicia? ¡Alicia! ¿Adónde se fue? ¿Acaso no sabe que es peligroso salirse del camino?
Sólo espero que esté bien. ¿Qué tal si le pasa algo? ¡Sería terrible! O lo que es peor,
¿qué pasaría si ella…? ¿Qué estoy diciendo? ¡Cállate, diablo! Eres un mentiroso.
Dios le da órdenes a Sus ángeles para protegernos. Creo que Alicia estará bien.

(El capitán Diablo se cae al suelo como si estuviera ahogándose, y sale gateando).

BLAKE:
Señor, en Tu Palabra se nos enseña que tú diriges nuestros pasos. Y que
Tu Palabra es lámpara a nuestro camino. Entonces, te pido que ayudes
a Alicia a encontrar el camino para que pueda regresar. En el nombre de Jesús. Amén.

(Alicia llega corriendo, sin aliento, por detrás del escenario; está despeinada, tiene lodo en todo su rostro y sus manos; y además está descalza).

ALICIA:
Blake, ¡estoy muy feliz de encontrarte! Lamento haberme ido. No sé qué
me pasó. En vez de permanecer enfocada en nuestro camino, me distraje por una uña
quebrada. Y AHORA, mírame. La uña fue el menor de mis problemas.
¡Y yo pensaba que lo que hacíamos era absurdo!

BLAKE:
¿Qué sucedió?

ALICIA:
Bien, se puso tan oscuro que ya no pude ver, y terminé en una especie de pantano.

BLAKE:
¿Y dónde están tus zapatos?

ALICIA:
No estoy segura. No me alteré hasta que sentí algo pegajoso en mi zapato.
Luego perdí el control. Qué mal, pues me gustaban mucho esos zapatos.
Y al parecer también les gustaron a los sapos.

BLAKE:
Pues bien, me alegro que lo único malo que te ocurrió fue perder tus zapatos cuando te saliste del camino.

ALICIA:
¡Yo también! Jamás me volveré a desviar, eso es seguro. Ya le pedí perdón al Señor por no
permanecer en el camino. Ahora, ¡dame la linterna! ¡Quiero ver ese mapa!

(Blake le entrega a Alicia la linterna, y comienza a mostrarle algunas rutas del mapa).

FIN

OFRENDA — ¿QUÉ PARTE TOMAN PARA SÍ?

Tiempo necesario: 10 minutos

Versículo para recibir la ofrenda: "Den con libertad y espontaneidad. No sean tacaños...". (Deuteronomio 15:10, MSG)

Consejo para el maestro: Si tiene una tarta entera, permita que varios grupos de hermanos participen al mismo tiempo en su experimento de cómo compartir. Por seguridad, si usted decide permitirles probar o tocar los alimentos, es importante preguntarles a los niños si son alérgicos a algún alimento.

Implementos: ☐ Una porción grande de tarta, ☐ 2 platos pequeños, ☐ un cuchillo plástico, ☐ 2 tenedores

Antes de la ofrenda:
- Coloque una porción grande de tarta en un plato. (Puede usar una tarta de crema, pues es fácil de rebanar).
- Divida la tarta en dos partes, con una rebanada más grande que la otra.
- Coloque cada rebanada en un plato.

Instrucciones de la lección:
- Hoy, el tiempo de la ofrenda me parece muy emocionante, pues haré un experimento con esta atractiva, grande y cremosa rebanada de tarta. ¡Me gustan las tartas!

Pregunte ¿A cuántos les gusta la tarta?

- De hecho, aunque me guste mucho, no me la comeré yo. Ahora, necesito a una pareja de superniños para que me ayude; necesito un hermano y una hermana, o dos hermanos o dos hermanas. (Si no hay hermanos en la clase, puede escoger a dos ayudantes. Si lo hace de esa manera, será mejor que elija a los más pequeños, ya que a ellos no les será tan fácil captar la secuencia de la lección).
- ¿Quién de ustedes dos es el más pequeño? Tu misión es la siguiente: Quiero que tomes una rebanada para ti y luego le entregues la otra a tu hermano(a).
- Ahora veamos cómo repartió la tarta mi cadete. (Pueden ocurrir dos cosas. El cadete podría tomar la rebanada más grande para sí, y darle la más pequeña al otro niño. Entonces explíqueles que a menudo los hermanos(as) —y las personas en general— toman la porción más grande para ellos. Ahora bien, si sucede lo contrario, felicite al niño que lo hizo por su esfuerzo de dar más).
- Nos divertimos con nuestro experimento, pero saben, incluso algo tan simple como eso nos permite ver dónde se encuentra nuestro corazón. Superniños, pregúntense a sí mismos: ¿qué habrían hecho si hubieran participado? En Deuteronomio 15:8, se nos enseña: "Den con libertad y espontaneidad. No sean tacaños...". Entonces la próxima vez que tengan la oportunidad de tomar una rebanada grande para ustedes, recuerden lo que se nos enseña en la Palabra: "Den con libertad y espontaneidad. No sean tacaños...". ¡Incluso cuando se trate de repartir rebanadas de tarta!

Academia de Superniños • Vol. 3/3.ª semana • Permanezcan en el camino

BOSQUEJO DE LA LECCIÓN — PERMANEZCAN EN EL CAMINO

Versículo para memorizar: «Lámpara es a mis pies tu palabra, y lumbrera a mi camino». (Salmos 119:105)

I. SEGUIR EL CAMINO DE DIOS ES SU DECISIÓN Salmos 77:16-20
a. Moisés escogió el camino de Dios, aun cuando las cosas no parecían marchar bien.
b. ¿Hacia dónde los estaba llevando? ¿Hacia el tesoro o a morir en el Mar Rojo?
c. ¡Dios tenía un plan! En vez de detener al pueblo, ¡el mar detuvo al enemigo! Isaías 43:16
d. Dios puede abrir un camino donde no lo hay, y guiarlos al tesoro si ustedes lo siguen a Él.

II. LA SENDA DE UN PIRATA ES OSCURA, NO TOMEN ESE CAMINO
a. Los piratas intentarán convencernos de que nos apartemos del camino de Dios, el cual nos lleva hacia el tesoro. Algunos niños se desvían a causa de las distracciones.
b. ¡El pecado y la desobediencia nos llevan a las tinieblas! 1 Juan 1:6
c. Es difícil ver hacia dónde ir cuando las tinieblas los rodean. Proverbios 4:19
d. ¡Jamás escuchen a los piratas mentirosos que envía Satanás! Efesios 4:27

III. LEER NUESTRA BIBLIA Y ESCUCHAR A DIOS, ILUMINA NUESTRO CAMINO
a. Entre más depositen la Palabra en su corazón, más brillará la luz en su camino. Salmos 119:11, 35, 105
b. Cuando están llenos de luz, es difícil que los piratas intenten persuadirlos. ¡Satanás no tendrá ninguna posibilidad! Juan 1:5
c. Su tesoro, su camino y su lámpara han sido ¡preparados con antelación! Efesios 2:1

Una palabra de la comandante Kellie: Durante el resto de sus vidas, nuestros superniños tendrán que decidir si lo que Dios dice es verdad o lo que las circunstancias y el temor aseguran. Éste es el tiempo para que decidan de una vez por todas que el camino de Dios siempre es el correcto. Lo primero que deberán decidir será darle el primer lugar a la Palabra en sus corazones y no escuchar nada más. Lo segundo, será obedecer la Palabra, sin importar lo que venga o qué piensen al respecto. En Salmos 32:8-9, leemos: «El Señor dice: Te guiaré por el mejor sendero para tu vida; te aconsejaré y velaré por ti. No seas como el mulo o el caballo, que no tienen entendimiento, que necesitan un freno y una brida para mantenerse controlados» (NTV). Guíe a los superniños para que escojan no permitirle a ningún pirata que tome el control de sus vidas. Ellos pueden decidir hoy que seguirán las instrucciones de Dios, y que confiarán en que Su amor los llevará hacia un maravilloso lugar, dándole a Él las riendas (como las del caballo) de sus vidas. De esa manera, ¡ningún pirata o circunstancia los podrá desviar de su camino hacia el tesoro!

Serie: El plan de Dios es un tesoro

LECCIÓN PRÁCTICA: CUIDEN SU TESORO

 **Tiempo necesario:** 10 minutos

 **Versículo para memorizar:** «Lámpara es a mis pies tu palabra, y lumbrera a mi camino». (Salmos 119:105)

 **Versículo adicional:** «Pero tenemos este tesoro en vasos de barro, para que la excelencia del poder sea de Dios, y no de nosotros». (2 Corintios 4:7)

 **Implementos:** ☐ Una botella plástica, ☐ alicate (o un barreno), ☐ un clavo pequeño, ☐ agua (sería bueno que la tiñera), ☐ un tazón grande.

Antes de la actividad:

- Usando un barreno (o un alicate y un clavo), haga 12 agujeros en el fondo de la botella plástica.
- Si usa el alicate, sujete un clavo con éste y haga agujeros en el fondo de la botella.
- Después de hacerlo, llene el tazón grande con agua. (Puede teñir el agua). Realice una prueba con su "cofre del tesoro" antes de mostrárselo a los niños.
- Primero quítele la tapa, luego sumerja la botella en el tazón que contiene el agua.
- Llene la botella con suficiente agua para que ésta salga por los agujeros, luego levántela por encima del tazón. Si el agua no fluye de los agujeros, hágalos más grandes.
- Una vez que el agua fluya bien de la botella, vuélvala a llenar y mientras se encuentra sumergida, colóquele la tapa.
- Gire la botella boca abajo, luego sáquela del agua. El agua no se saldrá cuando la coloque boca abajo y tenga puesta la tapa.

Instrucciones de la lección:

Pregunte ¿Sabían que donde hay un tesoro, hay muchos ladrones de tesoros en busca de éste?

- Hace años, a los ladrones de tesoros se les llamaba piratas. Pues bien, superniños, ¡aún existen piratas hoy en día! (Muestre la botella [sin la tapa] para que los cadetes puedan verla).
- Muy bien, le llamaremos a esta botella nuestro "cofre del tesoro".
- En 2 Corintios 4:7 se nos enseña que hay un tesoro en nuestro interior: el poder de Jesús. En realidad somos mucho mejores que esta botella, pero ésta nos puede enseñar cómo cuidar el tesoro. (Muéstreles los agujeros que se encuentran en el fondo de la botella).
- Como pueden ver, es posible que esta botella tenga problemas para guardar agua. Por tanto, lo llamaremos: "a nuestra manera" veamos... (Sostenga la botella en posición vertical sin la tapa y el agua se saldrá). ¡Cielos, no pasó mucho tiempo para que el agua se saliera! Intentémoslo de nuevo, pero esta vez, colocaremos la tapa en la botella mientras está bajo el agua. (Esta vez el agua se quedará en la botella).
- Hacerlo de esa manera es mucho mejor. Y a eso, le llamaremos: "¡a la manera de Dios!".
- Como pueden ver, superniños, cuando hacemos las cosas a la manera de Dios, el tesoro que Él tiene para nosotros se mantiene seguro. En Salmos 119:105, leemos que Dios usa Su Palabra para guiarnos en Su camino. Entonces no dejen que los piratas los convenzan para que actúen a su propia manera. Pues ¡la Palabra y la manera de Dios de hacer las cosas son SIEMPRE lo mejor!

Notas:

LECCIÓN 4: ¡VÉNDANLO TODO!

- BIENVENIDA Y ORACIÓN
- VERSÍCULO PARA MEMORIZAR
- TIEMPO PARA JUGAR
- SUPLEMENTO 1: DRAMA
- OFRENDA
- ALABANZA Y ADORACIÓN
- BOSQUEJO DE LA LECCIÓN
- SUPLEMENTO 2: CASO REAL
- ORACIÓN, ANUNCIOS Y MATERIAL DE APOYO

Versículo para memorizar: «Además, el reino de los cielos es semejante a un tesoro escondido en un campo, el cual un hombre halla, y lo esconde de nuevo; y gozoso por ello va y vende todo lo que tiene, y compra aquel campo». (Mateo 13:44)

Serie: El plan de Dios es un tesoro

TIEMPO PARA JUGAR — RELEVOS CON BANANOS

Tiempo necesario: 10 minutos

Versículo para memorizar: «Además, el reino de los cielos es semejante a un tesoro escondido en un campo, el cual un hombre halla, y lo esconde de nuevo; y gozoso por ello va y vende todo lo que tiene, y compra aquel campo». (Mateo 13:44)

Consejo para el maestro: Por seguridad, si usted decide permitirles probar o tocar los alimentos, es importante preguntarles a los niños si son alérgicos a algún alimento.

Consejo para involucrar a los adolescentes: Involucrar a los adolescentes como auxiliares es una gran forma de desarrollar la confianza en sí mismos, y un adolescente ameno y activo mantendrá a los niños involucrados y atentos.

Implementos: ■ 2 basureros pequeños, ■ 10 sillas, ■ 6 bananos, ■ música alegre de fondo.

Antes del juego:

- Haga dos filas de sillas, con cinco sillas por línea. Colóquelas frente al resto de cadetes.
- Coloque un basurero cerca de cada línea de sillas, dejando suficiente espacio para que los niños puedan correr alrededor de las sillas.
- Forme dos equipos de cinco jugadores para que compitan entre sí. (El número de jugadores puede variar, según la cantidad de cadetes que asistan a la clase).
- Después de enseñarles el versículo para memorizar, escoja 10 superniños que ya lo sepan para que participen en el juego.

Instrucciones del juego:

- ¡Hola, cadetes! ¡Hoy realizaremos un juego muy divertido!
- Hemos formado dos equipos con cinco personas cada uno, y ¡todos ellos se saben el versículo! ¡Démosles un aplauso!
- Jugadores, escojan un lugar, pero necesito que en la primera silla se siente alguien a quien le guste mucho el banano.
- Antes de iniciar, repitamos el versículo para memorizar una vez más. En Mateo 13:44, leemos: «Además, el reino de los cielos es semejante a un tesoro escondido en un campo, el cual un hombre halla, y lo esconde de nuevo; y gozoso por ello va y vende todo lo que tiene, y compra aquel campo».
- Les daré un banano a los jugadores que están sentados en la primera silla. Cuando la música empiece, cada jugador debe pasarle el banano al otro jugador hasta llegar al final de la fila. *El banano debe pasar de un jugador a otro, sin resbalárseles de las manos de lo contrario deberán comenzar de nuevo.* Al llegar al final de la fila, el jugador de la última silla debe correr por detrás de la fila; y sentarse en la primera silla, luego cada jugador se corre un asiento. Deben continuar con la misma dinámica hasta que el primer jugador, esté de nuevo en su silla.
- Al llegar a ese punto, el jugador debe pelar el banano y meterlo todo en su boca. El primer equipo en lograrlo, ganará. Puede comérselo si así lo desea, pero sólo se necesita que lo meta por completo en su boca para que el equipo gane. Tenga listos los basureros para que tiren ahí los bananos.
- Si desea, pueden jugar tres rondas usando otros bananos.

Aplicación:

Diviértanse y aprendan mientras depositan la Palabra en su corazón y un banano en su boca.

DRAMA

EL GUARDIÁN DEL MAPA, PROTEGE SU TESORO

Concepto: Dos amigos salen en busca de un tesoro con un mapa, mientras el capitán Diablo intenta atraparlos.

Personajes:
Bety o Blake: el (la) líder
Alicia: un poco engreída
Capitán Diablo: un pirata

Disfraces:
Beth o Blake: jeans, camisa estilo explorador, sombrero, mochila
Alicia: atuendo femenino color rosado o morado
Capitán Diablo: un parche, camisa de seda, chaleco, botas y pantalones negros, sombrero pirata o pañuelo, un arete dorado en forma de aro de clip.

Implementos: ■ Un mapa del tesoro: Puede hacerlo al sumergir un pliego de papel construcción o un pergamino blanco en té, a fin de darle una apariencia añeja, ■ una linterna, ■ lodo para mancharle el rostro, los brazos y las manos a Alicia, ■ plantas artificiales para ocultar el cofre del tesoro, ■ un cofre del tesoro: puede comprarlo en jugueterías o hacerlo al comprar una caja simple en un tienda de artesanías y cubrirla con pintura dorada, ■ una Biblia, ■ bolsas con chocolates empacados en forma de monedas de oro.

(La escena comienza con Blake sosteniendo el mapa y Alicia sujetando la linterna; el capitán Diablo se acerca sigilosamente mientras Blake inicia su actuación).

BLAKE:
Nos estamos acercando. Según el mapa, el tesoro debería estar justo ahí.
¡Esto es muy emocionante!

ALICIA:
Lo sé, ya que después de encontrar el tesoro, ¡podré tomar un ducha!

BLAKE:
¡Mira! ¿Qué es eso?

(Blake descubre entre las plantas el cofre del tesoro)

BLAKE:
Es el cofre del tesoro, ¡lo encontramos!

ALICIA:
Rápido, ¡ábrelo, ábrelo!

BLAKE:
Qué curioso, sólo hay una vieja Biblia.

(Blake toma la Biblia, luego el capitán Diablo saca una gran bolsa de chocolates en forma de monedas de oro, y se las muestra a Alicia y a Blake tratando de tentarlos; después les da una de las monedas a cada uno, y ambos se la comen).

ALICIA:
¡Oh!, monedas de chocolate. ¡Qué rico! ¡Me encanta el chocolate!

BLAKE:
Sí, no me había dado cuenta cuán hambriento estaba hasta que empece a comer.

(El capitán Diablo los induce para que le den la Biblia a cambio de las monedas).

BLAKE:
¿Qué está diciendo?

ALICIA:
Creo que quiere intercambiar la Biblia por las monedas de chocolate.

BLAKE:
Apuesto a que sabe que estamos hambrientos.
¡Qué pirata tan amable! ¡Hagámoslo!

(Blake le va a entregar la Biblia al capitán Diablo, pero Alicia lo detiene).

ALICIA:
¡Espera un minuto! No tan rápido. ¿Por qué alguien
se tomaría la molestia de esconder una Biblia?
Por alguna razón se encontraba en el cofre del tesoro. ¡Pensémoslo bien!

BLAKE:
Pero estoy muy hambriento. ¡Ya lo pensé muy bien!

ALICIA:
Blake, creo que este pirata está intentado tendernos
una trampa. Por otro lado, si en realidad estuviera
preocupado por nosotros, no nos hubiera traído
una bolsa llena de chocolates; sino ¡una
grande y jugosa quesoburguesa!

(Capitán Diablo empieza a negarlo, tratando de actuar como una buena persona, y le ofrece una vez más los chocolates a Blake).

BLAKE:
Sí. Buen punto. Escucha, amigo, hasta que no
sepamos qué sucede, no habrá trato.

(Capitán Diablo frunce el ceño y pone mala cara, Alicia toma la Biblia).

ALICIA:
Mira aquí, una página está marcada.
¿Me pregunto por qué?

(El capitán Diablo se pone nervioso, camina de un lado a otro, y trata de distraerlos con bailes tontos).

BLAKE:
Mmmmm, bien, en el mapa dice: "M1344".
Quizá la "M" significa Mateo.

ALICIA:
¡Acabo de encontrar Mateo!
Creo que estás a punto de descubrir algo.

BLAKE:
Veamos, M1344, M1344.
¿Tiene la página un capítulo 13 y un versículo 44?

ALICIA:
¡Sí! Éste declara: "La dulce vida es el tesoro
más valioso que pueden encontrar. ¡Vendan todo lo que
tienen para conseguirla!". ¿Qué significa?

BLAKE:
Ahora sabemos por qué el Capitán Diablo quería quitarnos esa Biblia.

ALICIA:
¿En serio?

BLAKE:
La Palabra de Dios es el VERDADERO
mapa que nos lleva al tesoro.

ALICIA:
Cielos. Asombroso.
Entonces ¿cuál es el verdadero tesoro?

BLAKE:
Qué otra cosa podría ser, sino la dulce vida,
¡el plan de Dios para nuestra vida!

(Alicia por fin lo entendió).

ALICIA:
¡Oh! Ahora entiendo. Por esa razón,
es importante que cuidemos nuestra
relación con Dios ¡a cualquier costo!

(El capitán Diablo empieza a golpearse la cabeza contra un muro u objeto reflejando su consternación).

BLAKE:
Entonces, amiga, ¿qué dices?
¿Estás lista para iniciar la mejor búsqueda
del tesoro, es decir, el plan de Dios para nuestra vida?

ALICIA:
¡Definitivamente! ¡Lárgate, capitán Diablo!
¡No vale la pena renunciar a este tesoro por chocolates!

(¡El capitán Diablo huye!).

NOTAS:

Academia de Superniños • Vol. 3/4.ª semana • ¡Véndanlo todo!

OFRENDA — RECTITUD DE CORAZÓN

Tiempo necesario: 10 minutos

Versículo para recibir la ofrenda: «*Cada uno dé como propuso en su corazón: no con tristeza, ni por necesidad, porque Dios ama al dador alegre*». (2 Corintios 9:7)

Implementos: ☐ 1 billete de un dólar, ☐ una cartera o billetera que no sea suya, la cual contenga billetes de 20 ó 50 dólares. (Pregúntele a uno de sus compañeros si se la puede prestar, por supuesto, que él o ella sepa qué hará con ésta).

INSTRUCCIONES PARA RECIBIR LA OFRENDA:

- No sé ustedes, cadetes, pero yo en realidad estaba esperando el tiempo de la ofrenda. De hecho, ya había apartado este dólar para darlo (saque el billete de su bolsillo y muéstreselos). El único inconveniente es que me gustaría dar más que sólo un dólar. Pero... vean encontré la billetera de alguien, y creo que será buena idea revisar si tiene dinero, así podré dar una mejor ofrenda. (Empiece a buscar hasta que encuentre un billete de mayor denominación). Maravilloso, encontré un billete de US$20. Ahora tengo una mejor ofrenda para dar. ¿Qué piensan? ¿Acaso no es bueno querer darle más de un dólar al Señor? (Permita que ellos lo corrijan). Ustedes saben que sólo los estaba probando, pero ahora escuchen lo que Dios piensa acerca de nuestras actitud al dar nuestras ofrendas.

- (Lea el versículo) «*Cada uno dé como propuso en su corazón: no con tristeza, ni por necesidad, porque Dios ama al dador alegre*» (2 Corintios 9:7).

Pregunte Ahora, les formularé una pregunta a todos ustedes superniños inteligentes: ¿Se nos indica aquí que debemos dar una gran ofrenda?

Pregunte ¿Se afirma que debe ser pequeña?

Pregunte ¿Le importa a Dios el tamaño de nuestra ofrenda?

Pregunte ¿Qué le importa más a Dios acerca de nuestra ofrenda?

- (Permita que los niños le respondan).

- En este versículo se nos enseña que lo más importante para Dios es nuestra actitud. ¡Decidamos ahora mismo en nuestro corazón que seremos dadores alegres!

Pregunte ¿Están listos?

NOTAS: _____

Serie: El plan de Dios es un tesoro

BOSQUEJO DE LA LECCIÓN — ¡VÉNDANLO TODO!

Versículo para memorizar: «Además, el reino de los cielos es semejante a un tesoro escondido en un campo, el cual un hombre halla, y lo esconde de nuevo; y gozoso por ello va y vende todo lo que tiene, y compra aquel campo». (Mateo 13:44)

I. EL REINO DE LOS CIELOS ES LA DULCE VIDA
  a. Dios tiene un buen plan, es decir, un tesoro para todo aquel que viva en este mundo.
  b. ¿Habría algo que no dejaría para obtener ese tesoro?
  c. Un buscador de tesoros tiene que venderlo todo, sin reservas.

II. GUARDEN SU CORAZÓN, PROTEJAN SU TESORO
Proverbios 4:19-27
  a. Huyan de las personas (y de las cosas) malas, ¡no sigan sus caminos! Proverbios 4:14-15
  b. Sus caminos llevan a la destrucción, a la enfermedad, a la tristeza, al temor y a la muerte.
  c. ¡Busquen el tesoro con personas limpias de corazón! 2 Timoteo 2:22

III. ¿QUÉ DEJARÁN PARA OBTENER ESTE TESORO? Mateo 13:44
  a. Jesús pagó el precio más alto para que ustedes recibieran la "dulce vida".
  b. Mantengan su mirada en el premio que Él tiene para ustedes. Filipenses 3:14
  c. No permitan que nada sea más valioso que el plan de Dios para sus vidas. ¡Véndanlo todo! 1 Juan 5:21

Una palabra de la comandante Kellie: Pídales a los niños que repitan lo siguiente: No hay nada que sea mejor que el plan de Dios para mí. No existe nada que yo quiera más que la dulce vida que Él ha diseñado para mí. Ayúdeles a ver que las decisiones que toman en sus vidas reflejan la verdad de lo que es importante para ellos. Si deciden jugar videojuegos, en lugar de obedecer a sus padres apagando la televisión; entonces han escogido al pirata, y no el plan. Si se vengan de su hermano, entonces la venganza es más importante que la Palabra de Dios, la cual nos enseña a vivir en amor. Tome un momento para que los cadetes enumeren las cosas que han tratado de quitarle el lugar a Dios en sus vidas. Cada decisión es importante, ya que puede acercarlos al plan de Dios o llevarlos a una dirección diferente. Algunos creen que a los niños les es difícil comprender esta verdad, pero no es así. La madurez espiritual no se relaciona con la edad. Si logramos entrenar hoy a nuestros niños para que adquieran ese compromiso, tomarán decisiones basadas en la sabiduría de Dios (y no en sus deseos infantiles). El resto de sus vidas tomarán decisiones dirigidas por Dios, y obtendrán resultados con el poder de Dios.

Academia de Superniños • Vol. 3/4.ª semana • ¡Véndanlo todo!

 **CASO REAL** — **CRISTÓBAL COLÓN**

Concepto: Destacar un histórico e interesante lugar, personaje o evento que ejemplifique la lección del día. El tema de hoy es: Seguir el plan de Dios.

Consejo para el maestro: Utilizar un disfraz atrae la atención del superniño. El actor debe estar lo más familiarizado posible con el material para que no dé la impresión que se lo sabe de memoria o deba leer toda la información. Cuando realice la presentación es útil que exponga con imágenes.

Consejo para involucrar a los adolescentes: Si cuenta con un adolescente voluntario que tenga el talento para actuar en dramas, ésta es una gran oportunidad para exponer su talento.

Implementos: ☐ Un sombrero viejo de capitán (puede encontrarlo en una tienda de disfraces), ☐ una camisa de botones con vuelos (disponibles en tiendas de artículos de segunda mano o de disfraces), ☐ pantalones ajustados negros, ☐ calcetines negros a la rodilla, ☐ un telescopio viejo.

INTRODUCCIÓN:

- Por varias semanas, hemos estado enseñando acerca de cómo encontrar el mejor tesoro de todos, es decir: el plan de Dios para nuestra vida. Cuando se trata de encontrar el tesoro, los verdaderos cazadores de tesoros no se aferran a lo que queda atrás.
- Y hablando de no aferrarse al pasado, hubo un hombre tan valiente que se convirtió en el mejor explorador de todos los tiempos. Todos le llamaban: "El almirante de la Mar Océana". Él no se consideraba un cazador de tesoros, pero al final encontró uno.

Pregunte ¿Puede alguien decirnos de quién estamos hablando?

LECCIÓN:
Un nombre especial

- Sí, ¡Cristóbal Colón! Él nació en Italia en 1451, entre agosto y octubre. Nadie sabe con exactitud, pues en aquel entonces no se celebraban los cumpleaños en Italia, sólo los días festivos. A los niños se les festejaba cuando se celebraba al santo por quien le habían puesto el nombre.
- A Cristóbal se le llamó así en honor a "San Cristóbal", el santo de los viajeros. Sus padres no se imaginaron que su hijo se convertiría en ¡el más famoso viajero de todos los tiempos!

Un gran desafío

- La mayoría de personas conoce a Cristóbal Colón porque descubrió América, ¡pero ésa no era su meta!
- Eso es cierto, pues en realidad estaba buscando una nueva manera para navegar hacia India, China y Japón.
- Durante más de 200 años, las personas de Europa habían negociado con la India, China y Japón, pero alrededor de 1450 la vía de acceso estaba bloqueada. Eso forzó a los marineros a navegar a través del Extremo Oriente. Algunos intentaron navegar alrededor de África, pero era un viaje muy largo y peligroso.
- Cristóbal Colón decidió ir por una ruta, en la cual nadie se había atrevido a navegar. Iría a través del Océano Atlántico, y le daría la vuelta al mundo para llegar a Asia.

Serie: El plan de Dios es un tesoro

¡Sin miedo!

- La mayoría de personas pensaba que Cristóbal Colón estaba loco y que moriría en ese viaje. Había cuatro razones por las cuales creían que no se podría cruzar el Atlántico. (En aquel entonces llamado la Mar Océana):
    1. Había aguas en el océano que alcanzaban un punto de ebullición, y esto podía ocasionar que los barcos se incendiaran.
    2. Los monstruos marinos podían atraparlos. No era una broma, ¡las personas así lo creían!
    3. Incluso si lograban cruzar el agua hirviendo y los monstruos marinos, la mar Océana era una vía muy larga.
    4. Si el barco viajaba hacia el Oeste, éste navegaría mar abajo. Eso significaba que no podría regresar a casa, pues un barco no podía navegar mar arriba.
- A pesar de todos esos razonamientos, él no aceptó el temor. Su valentía era tan peculiar que llamó la atención de los reyes de España, y le dieron tres barcos grandes para sus viajes. Éstos eran los mejores, pues se los habían proporcionado los reyes.

En búsqueda del máximo tesoro

- Entonces en 1492, Cristóbal Colón zarpó en búsqueda de una nueva senda al Extremo Oriente, pero en lugar de ello descubrió un tesoro. No el tipo de tesoro que contenía monedas de oro, sino uno mejor... él descubrió nuevas tierras. Éste fue el mejor tesoro que pudo haber encontrado.

Pregunte ¿Saben qué tierras descubrió?

- ¡Sí! Un nuevo mundo, ¡América!
- Cristóbal Colón regresó a casa para contarles a todos lo que había descubierto.
- Cuando llegó, también les contó que no había encontrado ¡agua caliente ni monstruos! En ese entonces, las personas creían que sólo había un océano y tres continentes.
- Gracias a él, ¡los viajes alrededor del mundo y las exploraciones cambiaron para siempre! Su valentía inspiró a muchos marineros famosos a seguir sus pasos y descubrir lugares desconocidos.
- Cristóbal Colón muy bien pudo dejar de viajar, y disfrutar de su fama; pero le apasionaba explorar. ¿Cómo podía quedarse en casa, sabiendo que había un nuevo mundo por conocer?
- Cristóbal Colón realizó otros tres viajes importantes después de descubrir América.

2.° viaje: Cristóbal Colón descubrió cinco países: Haití, República Dominicana, Puerto Rico, Jamaica y Guadalupe.
3.er viaje: Cristóbal Colón descubrió Sudamérica.
4.° viaje: Él deseaba finalizar su vida como navegante con algo extraordinario. A su último viaje lo llamó: "El viaje supremo"; y fue el viaje transatlántico más rápido, pues lo realizó en 21 días. En este último viaje, él descubrió: Honduras, Nicaragua, Costa Rica, Panamá y Martinica.

HACIENDO HISTORIA:

- Alrededor del mundo, las personas aún celebran los valientes descubrimientos de Cristóbal Colón. En los Estados Unidos se festeja el Día de Cristóbal Colón, en honor a su primer viaje cuando descubrió América. Sin importar qué fecha de octubre se celebre, ustedes pueden festejar ¡realizando algo nuevo y valiente!

CONCLUSIONES:

- Qué bueno que Cristóbal Colón no tuvo miedo, de lo contrario, nunca se hubiera convertido en el más grande explorador de todos los tiempos. Él tomó sendas que nadie jamás había transitado. Esperamos que puedan seguir el ejemplo de Cristóbal Colón y viajen hacia la senda que Dios tiene para ustedes, incluso si aún no pueden ver dónde acaba. Cristóbal Colón no se aferró a nada, y ¡descubrió tierras, tesoros y las aventuras que Dios tenía para él! Por esa razón, él es nuestro caso real de hoy.

NOTAS:

LECCIÓN 5: CON TODO MI CORAZÓN

- 😊⚡ **BIENVENIDA Y ORACIÓN**
- 📖⚡ **VERSÍCULO PARA MEMORIZAR**
- ⚡ **TIEMPO PARA JUGAR**
- ⚡ **SUPLEMENTO 1: DRAMA**
- ❤️⚡ **OFRENDA**
- 🎵⚡ **ALABANZA Y ADORACIÓN**
- 📖⚡ **BOSQUEJO DE LA LECCIÓN**
- ⚡ **SUPLEMENTO 2: LA COCINA DE LA ACADEMIA**
- 😊⚡ **ORACIÓN, ANUNCIOS Y MATERIAL DE APOYO**

Versículo para memorizar: «Y amarás a Jehová tu Dios de todo tu corazón, y de toda tu alma, y con todas tus fuerzas». (Deuteronomio 6:5)

Serie: Todo lo que soy es para Ti

Academia de Superniños • Vol. 2/5.ª semana • Con todo mi corazón

TIEMPO PARA JUGAR

¡CON TODO MI CORAZÓN!

Tiempo necesario: 10 -15 minutos

Versículo para memorizar: «Y amarás a Jehová tu Dios de todo tu corazón, y de toda tu alma, y con todas tus fuerzas». (Deuteronomio 6:5)

Consejo para el maestro: Puede utilizar un franelógrafo para mostrar el marcador, utilizando corazones de fieltro; también puede hacerlo de forma electrónica o con un proyector o pizarrón, etc. Usen los recursos disponibles, y ¡diviértanse! Por seguridad, si usted decide permitirles probar o tocar los alimentos, es importante preguntarles a los niños si son alérgicos a algún alimento.

Consejo para involucrar a los adolescentes: Involucrar a los adolescentes como auxiliares es una gran forma de desarrollar la confianza en sí mismos, y un adolescente ameno y activo mantendrá a los niños involucrados y atentos.

Implementos: ■ 1 franelógrafo, ■ 1 caballete, ■ corazones de fieltro, ■ premios pequeños o golosinas, ■ música alegre de fondo.

Antes del juego:

- Coloque el franelógrafo sobre el caballete, y ponga o dibuje una línea divisoria en medio. Escoja a un asistente para que lo ayude a sostener los corazones de fieltro. Divida a los cadetes en dos grupos, e indíqueles que permanezcan en su lugar.

Instrucciones del juego:

- Este juego probará la habilidad que tienen sus cadetes para buscar versículos en la Palabra. Cada uno necesita una Biblia. El líder del juego les dará un versículo de referencia, y los cadetes lo buscarán para determinar si éste se refiere a: "corazón, alma o fuerzas". Por ejemplo, si la palabra en el versículo es: "fuerte", la respuesta correcta sería "fuerzas". El primer cadete (o equipo) en encontrar el versículo de referencia e identificar la palabra correcta ganará un "corazón" para su equipo. Por cada respuesta correcta, recompense a ese cadete con un premio pequeño o golosina, y coloque un corazón en la sección que le corresponde a su equipo en el pizarrón.

- ¡El equipo con más corazones ganará! (Considere recompensar al equipo ganador con premios pequeños).

Versículo de referencia	Respuesta
1 Samuel 16:7	Corazón
Salmos 84:5	Fuerzas
Proverbios 4:23	Corazón
Isaías 55:3	Alma
Malaquías 4:6	Corazón
Mateo 6:21	Corazón
Éxodo 15:2	Fuerzas
Hebreos 4:12	Alma
Proverbios 16:9	Corazón
Mateo 16:26	Alma
Proverbios 18:10	Fuerzas

Objetivo del juego:

Aprender a buscar en la Palabra. Después de todo, ¡en ésta se nos enseña acerca de nuestro corazón, nuestra alma y la verdadera fuerza!

Serie: Todo lo que soy es para Ti

DRAMA

LA GRAN AVENTURA DE B-RAD. PARTE 1: "EL CAMBIO DE NOMBRE"

Concepto: Este drama dura cinco semanas en la serie: Todo de mí.
Esta historia se trata de Tyson, el joven amigo del escritor, y también de un surfista que conoce a Jesús (basada en la historia de Pablo).
Al final de esta serie de cinco semanas, la audiencia descubrirá que el "Escritor", en realidad es el mismo B-Rad.

Consejo para el maestro: El personaje principal, el "Escritor", relata la historia y tiene la mayor parte de líneas.
Puede imprimir el guion para entregárselo al personaje principal, a fin de que lo utilice durante la presentación.
Este guion puede esconderlo en el cuaderno que utilizará el personaje principal, y le será de ayuda para recordar sus líneas; pues el "Escritor" leerá la historia que escribió. Sin embargo, los demás actores deben saber sus líneas tanto como les sea posible. También es útil que los mismos actores realicen el mismo papel cada semana, a fin de darle continuidad al drama.

Consejo para involucrar a los adolescentes: Si cuenta con un adolescente con el talento para actuar en dramas, el papel de Tyson es el ideal para él.

Personajes:
Escritor: Un amigo mayor que Tyson, a quien le gusta mucho que lo halaguen.
Tyson: Un surfista, con un sentido del humor ingenioso; quien es un poco sarcástico, pero con actitud divertida.

Disfraces:
Escritor: Camisa estilo hawaiano, pantalones cortos y sandalias.
Tyson: Atuendo estilo surfista (pantalones cortos para surfista, sandalias, camisa para *surf*).

Implementos: ☐ 2 sillas para playa, ☐ sombrilla para playa, ☐ cuaderno y lápiz para el "Escritor".
Si tiene los recursos disponibles, decore el escenario al estilo "isla de *surf*", y manténgalo decorado durante la serie. Algunas ideas de artículos para decorar son: ☐ pelotas para playa, ☐ bolsas para playa, ☐ toallas coloridas para playa, ☐ tablas para *surf*: Puede hacerlas usando un pieza grande de poliestireno expandido o una plancha de contrachapado, ☐ una variedad de juguetes grandes y coloridos para playa.

(La escena inicia con el "Escritor" sentado en una silla con su cuaderno y un lápiz; luego entra Tyson).

Tyson:
Hola, ¿qué tal?

ESCRITOR:
Hola, Tyson. ¿Qué estás haciendo?

Tyson:
Bueno, iba a practicar surf, pero no hay buen oleaje. ¿Y tú qué haces?

ESCRITOR:
Sólo escribiendo una historia.

TYSON:
¿Me puedes contar algo de tu historia?

ESCRITOR:
Mmm, no sé (fingiendo ser tímido, pero en realidad gozoso por compartir).
Bueno, está bien. Todavía no me he decidido por un título,
pero tengo varias opciones. Estoy pensando en:
"La gran aventura de B-Rad, Dinamita Brad o El surfista
antes conocido como Bradley".

(Tyson se sienta).

TYSON:
Me gusta: La gran aventura de B-Rad. Suena bien.

ESCRITOR:
Gracias. ¿Estás listo? Había una vez, un joven conocido como:
El devorador de libros, Bradley.

TYSON:
(Simulando ser listo)
Había una vez… hasta ahora, vamos muy bien.

ESCRITOR:
¿Te estás burlando de mi libro?

TYSON:
No. Muchas historias inician con: 'Había una vez':
Cenicienta, La princesa y el guisante… perdón, continúa.

ESCRITOR:
Al devorador de libros, Bradley, le gustaba mucho
leer y era muy inteligente. De hecho, era el más inteligente
de su salón de clases. Bradley tenía las mejores notas
en cada semestre, e iba a la escuela de verano
sólo por diversión. Formaba parte de la lista principal
de la biblioteca y era el presidente del club:
Batallón de devoradores de libros.
I-N-T-E-L-I-G-E-N-T-E. Pero aunque era muy brillante,
él tenía un gran problema.

TYSON:
¿Mal gusto de la moda? Los jóvenes inteligentes
por lo regular no se visten bien.

ESCRITOR:
Claro, usar pantalones de cintura alta era su especialidad.
Pero había un mayor problema: Bradley no conocía
a Jesús, y odiaba a quienes sí lo conocían.
En especial, un grupo llamado los Surfistas JCD,
a quienes personalmente quería destruir.

TYSON:
¿Cómo?

ESCRITOR:
Él y sus amigos les lanzaban libros a los Surfistas JCD,
y los difamaban para que los expulsaran de la escuela.
También se escabullían por la noche a su guarida
para sabotear sus tablas de surf.

TYSON:
¿En serio?

ESCRITOR:

En serio. Entonces un día, mientras Bradley iba hacia
una reunión secreta en La Cafetería con el director
—no siendo la primera vez que Bradley usaba un capuchino
frío de caramelo como soborno para que los expulsaran
de la escuela— recibió un mensaje de texto de...
bueno, quizá no lo creas.

TYSON:
Claro que sí lo creeré.

ESCRITOR:
Muy bien, él recibió un mensaje de texto de Jesús.

TYSON:
Tienes razón. No lo creo. ¡¿Por qué le enviaría
Jesús un mensaje de texto?!

ESCRITOR:
Porque Brad nunca respondía un correo,
ésta era la mejor manera de captar su atención.
De todos modos, Jesús le dijo a Brad que esperara
en La Cafetería, y que luego recibiría más instrucciones.
Por primera vez, Brad sabía que ¡Jesús era real!

TYSON:
Muy bien, eso es asombroso.
Pero ¿por qué ahora estás llamando a Bradley: "Brad"?

ESCRITOR:
Pues bien, cuando Brad le habló a Jesús,
Él le dijo que él era una persona diferente
y que ya no se llamaría Bradley,
sino que sería conocido como Brad.

TYSON:
Entonces él le entregó su corazón a Jesús.
¡Cielos! Y luego ¿qué ocurrió cuando Bradley...
perdón, Brad... llegó a La Cafetería?

ESCRITOR:
Todavía no he llegado a ese punto.

TYSON:
¿Qué? ¡Grandioso! Ahora me estaré preguntando
toda la noche qué le ocurrió a un niño imaginario en La Cafetería.

ESCRITOR:
¿Quién dijo que era imaginario?

TYSON:
¿Qué posibilidades hay de que alguien sea salvo
porque Jesús le envió un mensaje de texto?
No lo creo. ¿Qué hora es?

ESCRITOR:
6 en punto. ¿Por qué?

TYSON:
Mi mamá está haciendo la cena
de esta noche. ¡Nos vemos!

(Sale Tyson. El "Escritor" continúa pensando y escribiendo, luego sale).

Academia de Superniños • Vol. 2/5.ª semana • Con todo mi corazón

OFRENDA — LOS SUPERNIÑOS SIEMPRE ESTÁN PREPARADOS

Tiempo necesario: 10 minutos

Versículo para recibir la ofrenda: «Cada uno debe decidir en su corazón cuánto dar...». (2 Corintios 9:7, NTV)

Consejo para el maestro: Para presentar la lección, no lleve traje de baño (atuendo para bañarse) ni protector solar.

Implementos: Para la playa: ☐ Revistas, ☐ atuendo para playa (No trajes de baño ni protector solar), ☐ gafas para el sol, ☐ toallas, ☐ hielera, ☐ canasta para llevar comida, ☐ flotadores, ☐ tubo de buceo, ☐ juguetes para la arena, etc. (Entre más creativos sean los implementos, mejor).

Antes de la ofrenda:
- Esté preparado para la playa, pero ingrese al salón con ropa exclusiva para el invierno.

Instrucciones para recibir la ofrenda:
- ¡Cielos! Es un día maravilloso para ir a la playa/piscina. La semana pasada decidimos que iríamos a la playa después de la iglesia. ¡Podemos disfrutar de todo en la playa! Es divertido jugar en la arena y nadar.

 **Pregunte** ¿A cuántos cadetes les gusta ir a la playa?

 **Pregunte** ¿Qué es lo mejor de ir a la playa?

- Bien, ¡creo que tenemos todo lo necesario para tener un gran día en la playa!

 **Pregunte** ¿Les gustaría ver todas las cosas buenas que llevaremos y escuchar lo que planeamos realizar en la playa?

- (Tómese el tiempo para ver las cosas de la playa; ¡diviértanse mientras realiza la presentación!).

 **Pregunte** ¿Nos falta algo?

- (Esperamos que los cadetes ya hayan notado la ropa de invierno, y que no está usando un traje de baño o un atuendo adecuado para bañarse, y que tampoco lleva el protector solar).
- Gracias por recordarme el protector solar, y lo más importante ¡mi traje de baño!
- No sería divertido llegar a la playa, y no poder bañarse en el agua; o no usar protector solar, pues resultaríamos quemados.
- Esto me recuerda un versículo que nos enseña a venir preparados a la iglesia. Permítanme formularles varias preguntas. (Asegúrese de explicarles cuánto tiempo tendrán para responder).

 **Pregunte** ¿Tomó alguien ayer una decisión acerca de qué desearía comer después de asistir a la iglesia hoy?

 **Pregunte** ¿Decidió alguien qué ropa usaría para venir a la iglesia?

 **Pregunte** ¿Cuántos cadetes tomaron la decisión de traer hoy su Biblia?

- Es excelente estar preparado, en especial si vamos a algún lado. Hay muchas decisiones por tomar cuando nos preparamos para asistir a la iglesia, y también para después de la clase. Algunas veces, olvidamos algo muy importante que debemos preparar: nuestras ofrendas para Dios y para otros. En 2 Corintios 9:7, se nos enseña: «Cada uno debe decidir en su corazón cuánto dar...». ¡Dios nos ha dado La dulce vida y muchas otras cosas más para disfrutar!
- Tómense el tiempo para ver, escuchar y obedecer a su corazón; a fin de decidir qué traer como ofrenda.

Serie: Todo lo que soy es para Ti

BOSQUEJO DE LA LECCIÓN — ¡CON TODO MI CORAZÓN!

Versículo para memorizar: «Y amarás a Jehová tu Dios de todo tu corazón, y de toda tu alma, y con todas tus fuerzas». (Deuteronomio 6:5)

I. SU CORAZÓN ES SU *VERDADERO* "YO"
   a. Dios nos creó para ser como Él, a Su imagen y a Su semejanza. Génesis 1:26
   b. Nuestro Padre celestial es un Espíritu eterno, y nosotros también.
   c. En la Biblia se le llama a nuestro espíritu: corazón. Éste es la parte más importante de quienes somos.

II. LO QUE DIOS VE 1 Samuel 16:7
   a. El profeta Samuel creyó que había visto al nuevo rey de Israel.
   b. El hermano de David, Eliab, era alto y bien parecido.
   c. Dios vio el corazón de Eliab, y expresó: "¡De ninguna manera!".
   d. Cuando Dios vio el corazón de David, Él vio un corazón que lo complacía mucho.

III. ¿QUÉ ESTÁ BUSCANDO DIOS?
   a. Nuestro Padre nos permite tomar nuestras propias decisiones. Deuteronomio 30:19-20
   b. Dios no nos obliga a amarlo.
   c. ¡Entregarle nuestro corazón a Jesús es la única manera como en realidad podemos amar a Dios!
   d. Dios quiere superniños que lo amen tanto a Él como a las personas.

Eso era lo que a Él le gustaba de David. Aunque David era un gran guerrero, tenía un corazón sensible hacia las personas, y defendía a los desamparados y a los justos.

Una palabra del comandante Dana: Ésta es una lección perfecta para invitar a los niños a que escojan a Dios. Incluso quienes ya han aceptado a Jesús como su Señor, pueden tomar una gran decisión de que se entregarán a Dios sin reservas. ¡En este día, entréguenle todo su corazón a Dios! Invite a los niños y a las niñas para que realicen una oración con usted.

Yo los guiaría a orar de esta manera: Querido Dios, gracias por hacernos libres. Tú nunca nos obligas a servirte, sin embargo, en Tu Palabra se nos enseña que si lo hacemos, Tú nos bendecirás. Y hoy, te expresamos que nuestro corazón te pertenece por completo. Te amamos y te serviremos con todo lo que tenemos. ¡Gracias por ser nuestro grandioso y maravilloso Padre celestial!

Academia de Superniños • Vol. 2/5.ª semana • Con todo mi corazón

LA COCINA DE LA ACADEMIA — LO VERDADERO

Tiempo necesario: 10 minutos

Versículo base: «...la gente juzga por las apariencias, pero el SEÑOR mira el corazón». (1 Samuel 16:7)

Consejo para el maestro: Por seguridad, si usted decide permitirles probar o tocar los alimentos, es importante preguntarles a los niños si son alérgicos a algún alimento. No se necesitan grandes cantidades de queso, sólo lo suficiente para quienes van a probarlo. Si compra el queso en un supermercado, vaya al mostrador, y pida que le den de las bandejas que tienen muestras de queso. Por lo regular, son una compra económica. Al seleccionar el queso, pruébelo antes de comprarlo, a fin de asegurarse de que sea adecuado para los probadores.

Implementos: ☐ 3-4 rodajas de queso procesado amarillo, ☐ 1 bolsa de queso derretido procesado, ☐ diferentes tipos de queso gourmet, ☐ platos (para mostrar los diferentes tipos de queso).

Instrucciones de la lección:

- Hoy, en lugar de preparar un plato de comida, vamos a probar diferentes tipos de queso.
- Necesitaremos un niño y una niña como voluntarios, a quienes en realidad les guste mucho el queso.
- Esta prueba es para los cadetes que no tienen miedo de probar comidas diferentes de las que están acostumbrados.
- (Muestre los diferentes tipos de queso en platos. Puede agregarle alguna clase de guarnición, por ejemplo, perejil y galletas saladas al plato de queso; y haga tarjetas pequeñas con el nombre de cada queso y colóquelas junto a los platos).
- Ahora que tenemos a nuestros voluntarios para probar los quesos, empecemos. El primero que probaremos es el tipo procesado amarillo, y es posible que todos lo conozcan.

Pregunte "Catadores de queso", ¿qué piensan?

- Permita que prueben cada tipo de queso, uno por uno; luego escuche sus opiniones. Coloque un vaso de agua para cada voluntario, a fin de que limpien su paleta después de cada uso. Siéntase libre de probarlos junto a ellos.
- Nos hemos divertido probando diferentes tipos de queso, pero no sólo es el sabor lo que los hace diferentes. En realidad, dos de esos famosos quesos ¡son impostores! Así es, dos de ellos no son verdaderos quesos. Son los que llamamos quesos procesados.

Pregunte ¿Puede alguien adivinar cuáles de éstos en realidad no son queso?

- ¡Exacto! El queso amarillo en rodajas y el derretido son artificiales.
- Sólo con verlos, es muy difícil reconocer que ¡son impostores! Lo mismo ocurre con las personas. Algunas veces, quizá veamos a alguien y creamos que sabemos todo acerca de esa persona con sólo verla por fuera; sin embargo, en la Biblia se nos enseña que en su interior se encuentra quien en realidad es.
- ¿Quieren saber qué ve Dios? Examinen su corazón, ¡ése es su verdadero "yo"!

Serie: Todo lo que soy es para Ti

LECCION 6: CON TODA MI MENTE

- **BIENVENIDA Y ORACIÓN**
- **VERSÍCULO PARA MEMORIZAR**
- **TIEMPO PARA JUGAR**
- **SUPLEMENTO 1: DRAMA**
- **OFRENDA**
- **ALABANZA Y ADORACIÓN**
- **BOSQUEJO DE LA LECCIÓN**
- **SUPLEMENTO 2: LECCIÓN PRÁTICA**
- **ORACIÓN, ANUNCIOS Y MATERIAL DE APOYO**

> **Versículo para memorizar:** «Por lo tanto, permitir que la naturaleza pecaminosa les controle la mente lleva a la muerte. Pero permitir que el Espíritu les controle la mente lleva a la vida y a la paz». (Romanos 8:6, NTV)

Serie: Todo lo que soy es para Ti

Academia de Superniños • Vol. 2/6.ª semana • Con toda mi mente

TIEMPO PARA JUGAR — SAQUEN LOS GUSANOS

Tiempo necesario: 10 minutos

Versículo para memorizar: «Por lo tanto, permitir que la naturaleza pecaminosa les controle la mente lleva a la muerte. Pero permitir que el Espíritu les controle la mente lleva a la vida y a la paz». (Romanos 8:6, NTV)

Consejo para el maestro: Por seguridad, si usted decide permitirles probar o tocar los alimentos, es importante preguntarles a los niños si son alérgicos a algún alimento.

Consejo para involucrar a los adolescentes: Involucrar a los adolescentes como auxiliares es una gran forma de desarrollar la confianza en sí mismos, y un adolescente ameno y activo mantendrá a los niños involucrados y atentos.

Implementos: ☐ 2 latas extra grandes de pudín (disponibles en abarroterías al por mayor), ☐ 1 bolsa de tierra cultivable, ☐ de 20 a 60 gusanos de goma, ☐ 4 tazones grandes y transparentes (disponibles en tiendas para fiestas), ☐ una lona grande de plástico, ☐ 1 bote de basura pequeño, ☐ toallas húmedas, ☐ música alegre de fondo.

Antes del juego:

- Coloque una lona plástica grande sobre el suelo donde realizará el juego. Luego ponga dos tazones grandes y transparentes sobre la lona, y llénelos con la tierra cultivable. Esconda 10 gusanos de goma en cada tazón de tierra.
- Luego coloque los otros dos tazones transparentes sobre la lona, y llénelos con pudín. Coloque los tazones de pudín a una buena distancia de los de tierra. Los jugadores que tengan los tazones de tierra, lanzarán los gusanos que encuentren a los tazones de pudín.
- Coloque un pequeño bote de basura para tirar los gusanos que hayan caído en el pudín. Las toallas húmedas pueden utilizarse para limpiar las manos y los pies de los jugadores.

Instrucciones del juego:

Pregunte ¿Hay alguien aquí a quien le gusten los gusanos?

- ¡Grandioso! Hoy, buscaremos gusanos.
- Forme dos equipos con dos jugadores cada uno.

Ronda 1:

- Coloque a un jugador por cada tazón que contiene los gusanos y la tierra cultivable.
- Coloque a los otros dos jugadores cerca de los tazones llenos de pudín, los cuales están situados una a buena distancia de lanzamiento.
- El jugador cerca de los tazones con gusanos, intentará encontrar los 10 gusanos usando sus manos, y luego debe lanzarlos hacia el tazón con pudín de su compañero.

Ronda 2 (opcional):

- Realice un cambio de último minuto con los superniños.
- Realice el mismo juego que se describe en la ronda 1, con la diferencia que los jugadores cerca de los tazones con gusanos se quitarán los zapatos y los calcetines, y buscarán los gusanos con los dedos de los pies. Para luego lanzarlos con sus manos a sus compañeros que están cerca de los tazones con pudín.

Serie: Todo lo que soy es para Ti

Ronda 2 y 3 (opcionales):
- Considere tirar los gusanos pegajosos con pudín, y utilizar unos nuevos; a menos que no les importe ensuciarse. En tal caso, a los superniños les gustarán mucho los divertidos, pegajosos Y sucios gusanos.

Aplicación:

Algunas veces, los pensamientos equivocados intentan entrar en nuestra mente, al igual que esos gusanos que invadieron nuestro delicioso pudín. La buena noticia es que ¡la Palabra de Dios puede sacar esos "gusanos"!

NOTAS:

Academia de Superniños • Vol. 2/6.ª semana • Con toda mi mente

 **DRAMA** — **LA GRAN AVENTURA DE B-RAD. PARTE 2: "UN NUEVO LENGUAJE"**

Concepto: Este drama dura cinco semanas en la serie: *Todo de mí.*

Esta historia se trata de Tyson, el joven amigo del escritor, y también de un surfista que conoce a Jesús (basada en la historia de Pablo).

Al final de esta serie de cinco semanas, la audiencia descubrirá que el "Escritor" en realidad es el mismo B-Rad.

 **Consejo para el maestro:** El personaje principal, el "Escritor", relata la historia y tiene la mayor parte de líneas.

Puede imprimir el guion para entregárselo al personaje principal, a fin de que lo utilice durante la presentación.

Este guion puede esconderlo en el cuaderno que utilizará el personaje principal, y le será de ayuda para recordar sus líneas; pues el "Escritor" leerá la historia que escribió. Sin embargo, los demás actores deben saber sus líneas tanto como les sea posible. También es útil que los mismos actores realicen el mismo papel cada semana, a fin de darle continuidad al drama.

 **Consejo para involucrar a los adolescentes:** Si cuenta con un adolescente con el talento para actuar en dramas, el papel de Tyson es el ideal para él.

Personajes:
Escritor: Un amigo mayor que Tyson, a quien le gusta mucho que lo halaguen.
Tyson: Un surfista, con un sentido del humor ingenioso; quien es un poco sarcástico, pero con actitud divertida.

Disfraces:
Escritor: Camisa estilo hawaiano, pantalones cortos y sandalias.
Tyson: Atuendo estilo surfista (pantalones cortos para surfista, sandalias, camisa para surf).

Implementos: ☐ 2 sillas para playa, ☐ sombrilla para playa, ☐ cuaderno y lápiz para el "Escritor".
Si tiene los recursos disponibles, decore el escenario al estilo "isla de surf", y manténgalo decorado durante la serie. Algunas ideas de artículos para decorar son: ☐ pelotas para playa, ☐ bolsas para playa, ☐ toallas coloridas para playa, ☐ tablas para surf: Puede hacerlas usando un pieza grande de poliestireno expandido o una plancha de contrachapado, ☐ una variedad de juguetes grandes y coloridos para playa.

(La escena inicia con el "Escritor" sentado en una silla con su cuaderno y un lápiz; luego entra Tyson).

TYSON:
Hola, ¿cómo te va?

ESCRITOR:
¿No me preguntaste lo mismo ayer?

TYSON:
Si yo necesitara saber cómo estuviste ayer, te lo hubiera preguntado.
¿Lograste escribir más de tu historia?

ESCRITOR:
¿Por qué? Te gustó, ¿cierto? Vamos…admítelo. Te gusta mi historia.

TYSON:
En realidad, sólo tengo curiosidad.

(El escritor sólo se queda sentado, viendo hacia el horizonte).

ESCRITOR:
¡Lindo día! (Habla como si fuera meteorólogo).
Es probable que estemos a 26 grados, parcialmente nublado,
leve brisa del oeste, no como la de Texas.
Quizá allá esté a 37 grados...

TYSON:
¡Vamos! ¿Escribiste algo más o no?

ESCRITOR:
Está bien, está bien. ¿Dónde nos quedamos?

TYSON:
Mientras Bradley se dirigía a La Cafetería
para difamar a otros surfistas, Jesús le envió un mensaje.
El Señor le dijo que esperara ahí para recibir instrucciones.

ESCRITOR:
Ah, sí. (Empieza a hojear su cuaderno). Continuemos...
Siguiendo las instrucciones de Jesús, Brad esperó en La Cafetería
para ver qué ocurriría. Mientras esperaba, recibió otro mensaje.
Éste le indicaba que alguien llamado Andy se le acercaría
y le diría: "Vengan esos cinco".

TYSON:
¿Hablas en serio? Simplemente se le acercará
un completo extraño, y le dirá: "Hola, soy Andy; vengan esos cinco"?
Sí, claro.

(El escritor cierra su cuaderno, bosteza y se estira).

ESCRITOR:
Cielos, estoy cansado.
Creo que tomaré una siesta. Hasta pronto.

(Tyson lo toma del brazo).

TYSON:
Perdóname. Me quedaré callado. Continúa.
Él estaba sentado en La Cafetería esperando reunirse
con un joven llamado Andy, ¿qué ocurre después?

ESCRITOR:
Era un día muy caluroso, y él estaba sentado afuera pensando
cuán sediento se sentía, y de pronto alguien se le
acercó y le preguntó si le gustaría un mocachino frío gratis.
Brad asombrado, toma la bebida y se presenta con Andy,
quien le respondió: "Vengan esos cinco".
Luego, Andy le expresó: "Sabía que estarías aquí. ¿Estás listo?".

TYSON:
¿Listo? ¿Para qué?

ESCRITOR:
Para el entrenamiento, Dios le indicó a Andy que le enseñara
a Brad cómo alcanzar a los surfistas perdidos.

TYSON:
¿Cómo se supone que Dios usará a Brad para que alcance a los surfistas?
¡Él es el joven más conservador que existe!

ESCRITOR:
¡Vamos! No seas demasiado duro con Brad. Dios puede usar a cualquiera.

TYSON:
Tienes razón. Pero ¿qué surfista entendería a alguien
que sólo habla como si fuera un "diccionario"?

ESCRITOR:
Por esa razón, Andy debía esforzarse mucho.
Si él quería que los surfistas lo escucharan,
tenía que enseñarle a Brad un nuevo lenguaje: "Jerga de surfista".

TYSON:
¡No hay problema! La jerga de surfista es fácil.
Si tienes dudas, sólo dices: "amigo" o "qué onda".

ESCRITOR:
Para ti es fácil decirlo. Pero Brad debía cambiar por completo
la forma en que había pensado y hablado toda su vida.
Sucede lo mismo cuando recibimos a Jesús,
nuestro corazón no es lo único que necesita cambiar,
nuestra mente también debe transformarse.
Y cuando ésta se renueva, aprendemos a decir
las mismas cosas que Dios expresa.

TYSON:
¡Cielos! Ahora comprendo lo que dices.
Lo bueno es que Brad era adicto al estudio.
Eso debió haberle facilitado el aprendizaje.

ESCRITOR:
Es cierto.

TYSON:
Entonces después de que Andy le enseña la jerga, ¿qué ocurre?

ESCRITOR:
Amigo, esas olas se ven grandiosas.
Me sorprende que no estés practicando surf ahora.

TYSON:
Mi mamá me dijo que hoy no podía, pues olvidé hacer anoche mi tarea...
bueno, deja de perder el tiempo. ¿Qué sucede después?
Y no me digas que no has escrito más.

ESCRITOR:
(Escribe algo en su cuaderno, y se lo muestra a Tyson:
"Todavía no lo he escrito").

TYSON:
Muy gracioso. Será mejor que vaya a realizar mi tarea
para que pueda practicar surf mañana. Nos vemos.

(Sale Tyson, el "Escritor" continúa pensando y escribiendo).

NOTAS:_____
_____
_____
_____
_____
_____

OFRENDA — UNA EXPLOSIÓN DE BENDICIÓN

Tiempo necesario: 10 minutos

Versículo para recibir la ofrenda: «Da con generosidad y serás más rico; sé tacaño y lo perderás todo». (Proverbios 11:24, NTV)

Implementos: Varios artículos o juguetes que crecen o se expanden en el agua (Por lo regular, se encuentran dentro de cápsulas y los encuentra en una juguetería). Ejemplos: ☐ Animales, ☐ dinosaurios de esponja, ☐ toallitas para limpiarse empacadas, etc., ☐ 1 gotero, ☐ 1 tazón lleno de agua, ☐ cucharas y tazas medidoras, ☐ bandeja para hornear con borde.

Instrucciones para recibir la ofrenda:

- Superniños, con anterioridad aprendimos que el plan de Dios es un tesoro. En la Palabra se nos enseñan muchas cosas buenas para vivir La dulce vida. Por tanto, debemos asegurarnos de permanecer en el camino de LA BENDICIÓN.
- Encontré otra promesa de Dios que quiero compartirles.

Pregunte ¿Están listos? (Lea Proverbios 11:24).

- Dar con generosidad es una gran manera de permanecer en el camino que Dios tiene para nosotros. Nosotros damos, y Él nos hace ricos.

Pregunte ¿Recuerda alguien qué estábamos aprendiendo acerca de los piratas?

- La tacañería es es un pirata, y después de haber leído este versículo queremos permanecer alejados de éste... ¿verdad? Ahora, quiero mostrarles algo. Estos objetos vienen empaquetados de forma graciosa, pero les ocurre algo sorprendente cuando se sumergen en agua.
- (Muéstreles la diferencia entre cada artículo, agregándoles sólo uno gota y después más, hasta que algunas estén por completo sumergidas. Incluso el tiempo de cambio entre cada uno es notorio).
- Cuando damos con generosidad, Dios puede tomar nuestra ofrenda y hacer que ésta se expanda en bendiciones, así como estos artículos crecieron cuando se les agregó agua.

Pregunte Pero si nunca damos nuestra ofrenda, ¿qué ocurre?

- ¡NADA! Superniños, comprometámonos hoy a que nunca dejaremos de dar todo nuestro ser a Dios y que jamás seremos tacaños, y que además ya no le permitiremos al diablo que nos robe.
- Su Padre los ama tanto que puede transformar incluso la ofrenda más pequeña en algo grande. Siembren, y vean cómo Dios transforma Su promesa en una ¡explosión de bendición!

NOTAS:

Academia de Superniños • Vol. 2/6.ª semana • Con toda mi mente

BOSQUEJO DE LA LECCIÓN — CON TODA MI MENTE

Versículo para memorizar: «Por lo tanto, permitir que la naturaleza pecaminosa les controle la mente lleva a la muerte. Pero permitir que el Espíritu les controle la mente lleva a la vida y a la paz». (Romanos 8:6, NTV)

I. LOS PENSAMIENTOS CORRECTOS TRAEN VIDA
a. En la Palabra se nos enseña que los pensamientos correctos traen vida y paz. Romanos 8:6
b. Debemos llevar cautivo todo pensamiento erróneo. 2 Corintios 10:5
c. En Filipenses 4:8, se nos indica qué clase de pensamientos debemos tener.

II. LOS PENSAMIENTOS EQUIVOCADOS TRAEN MUERTE
a. El diablo le mintió a Eva en relación a Dios. Génesis 3:1-5
b. Eva permitió que esos pensamientos se quedaran en su mente.
c. ¡Nunca permitan que el diablo les diga qué deben pensar!

III. LOS PENSAMIENTOS Y LAS PALABRAS SE MANIFIESTAN ANTES QUE LAS ACCIONES
a. Caín tenía pensamientos de ira. Génesis 4:5
b. Los pensamientos erróneos nos conducen a expresar palabras equivocadas. Génesis 4:8
c. Y las palabras equivocadas nos llevan a tomar malas acciones.

 **Pregunte** ¿Puede alguien recordar una vez en que haya tenido que escoger entre pensamientos correctos o erróneos?

- Escoger pensamientos y palabras conforme a Dios traen vida y paz. En nuestro manual para superniños; es decir, la Palabra de Dios, se nos enseña esa verdad una y otra vez. Superniños, ¡sirvamos a Dios con toda nuestra mente!
- Repitan lo siguiente conmigo: *Le sirvo a Dios con mi mente. Cambiaré mis pensamientos por los de Él y llenaré mi mente con Su Palabra. ¡Escojo tener pensamientos llenos de vida!*

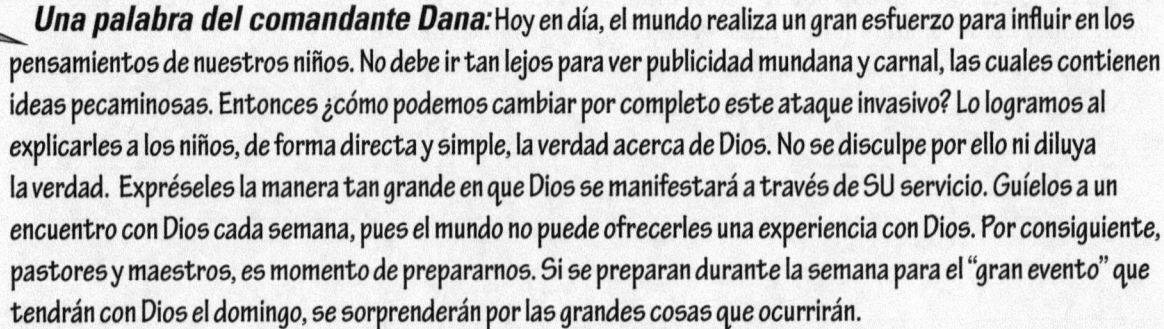

Una palabra del comandante Dana: Hoy en día, el mundo realiza un gran esfuerzo para influir en los pensamientos de nuestros niños. No debe ir tan lejos para ver publicidad mundana y carnal, las cuales contienen ideas pecaminosas. Entonces ¿cómo podemos cambiar por completo este ataque invasivo? Lo logramos al explicarles a los niños, de forma directa y simple, la verdad acerca de Dios. No se disculpe por ello ni diluya la verdad. Expréseles la manera tan grande en que Dios se manifestará a través de SU servicio. Guíelos a un encuentro con Dios cada semana, pues el mundo no puede ofrecerles una experiencia con Dios. Por consiguiente, pastores y maestros, es momento de prepararnos. Si se preparan durante la semana para el "gran evento" que tendrán con Dios el domingo, se sorprenderán por las grandes cosas que ocurrirán.

Serie: Todo lo que soy es para Ti

LECCIÓN PRÁCTICA — ¿PUEDEN RECONOCER EL VENENO?

Tiempo necesario: 10 minutos

Versículo para memorizar: «Por lo tanto, permitir que la naturaleza pecaminosa les controle la mente lleva a la muerte. Pero permitir que el Espíritu les controle la mente lleva a la vida y a la paz». (Romanos 8:6, NTV)

Consejo para el maestro: Por seguridad, si usted decide permitirles probar o tocar los alimentos, es importante preguntarles a los niños si son alérgicos a algún alimento.

Implementos: ▢ 1 manzana, ▢ 1 plato (para colocar las rodajas de manzana), ▢ vinagre, ▢ Biblia.

Antes de la actividad:

- Antes de iniciar la lección, rodajee la manzana.
- Coloque unas cuantas rodajas sobre el plato.
- Deje caer unas gotas de vinagre sobre una de las rodajas (lo suficiente para darle un mal sabor), y deje intactas las otras.

Instrucciones de la lección:

Pregunte ¿A quién le gusta la manzana?

- Escoja dos cadetes para que lo ayuden. Si puede, escoja a alguien melindroso. Quien pruebe la rodaja "mala" hará un gesto de desagrado. Pídale a cada cadete que escoja una rodaja, e indíqueles que se la coman.

Pregunte ¿Quién escogió una rodaja con buen sabor?

Pregunte ¿Quién escogió la rodaja con sabor agrio?

Pregunte ¿Habrían escogido una rodaja diferente si hubieran sabido que su sabor sería agrio?

- Superniños, las manzanas no es lo único que aparenta ser bueno por fuera, y que al final sabe mal por dentro.
- Algunas cosas aparentan ser buenas por fuera, pero son amargas una vez que las prueban. (Muéstreles el vinagre).
- Así como el vinagre no forma parte de la rodaja de manzana, y le dio un sabor agrio; también existen algunas cosas que no nos pertenecen. Quizá algunas películas o programas televisivos parezcan buenos a primera vista, pero al final amargan nuestro corazón.

Pregunte ¿Cómo aprendemos a diferenciar entre lo bueno y lo malo?

- (Muéstreles la Biblia)
- En la Palabra de Dios se nos enseña qué es lo bueno y lo malo. En Romanos 8:6, leemos: «Por lo tanto, permitir que la naturaleza pecaminosa les controle la mente lleva a la muerte. Pero permitir que el Espíritu les controle la mente lleva a la vida y a la paz» (NTV).
- Recuerden, cadetes, los pensamientos de Dios son pensamientos buenos, pero los del mundo son malos.
- Expresemos juntos: *¡Escojo los pensamientos de Dios!*

NOTAS:

LECCIÓN 7: CON TODO MI CUERPO

 **BIENVENIDA Y ORACIÓN**

 **VERSÍCULO PARA MEMORIZAR**

 **TIEMPO PARA JUGAR**

 **SUPLEMENTO 1: DRAMA**

 **OFRENDA**

 **ALABANZA Y ADORACIÓN**

 **BOSQUEJO DE LA LECCIÓN**

 **SUPLEMENTO 2: LECCIÓN PRÁCTICA**

 **ORACIÓN, ANUNCIOS Y MATERIAL DE APOYO**

 **Versículo para memorizar:** «Porque Dios los compró a un alto precio. Por lo tanto, honren a Dios con su cuerpo». (1 Corintios 6:20, NTV)

Serie: Todo lo que soy es para Ti

TIEMPO PARA JUGAR — CUIDEN SU TEMPLO

Tiempo necesario: 10 minutos

Versículo para memorizar: «Porque Dios los compró a un alto precio. Por lo tanto, honren a Dios con su cuerpo». (1 Corintios 6:20, NTV)

Consejo para el maestro: Por seguridad, si usted decide permitirles probar o tocar los alimentos, es importante preguntarles a los niños si son alérgicos a algún alimento,.

Consejo para involucrar a los adolescentes: Involucrar a los adolescentes como auxiliares es una gran forma de desarrollar la confianza en sí mismos, y un adolescente ameno y activo mantendrá a los niños involucrados y atentos.

Implementos: ☐ Haga una bañera improvisada: Una canasta para ropa, una piscina inflable para niños o una caja lo suficientemente grande para que un niño se siente ahí, ☐ una gorra y un cepillo para baño, ☐ un recipiente para llenarlo de bananos partidos a la mitad, ☐ cinta adhesiva, ☐ un cronómetro, ☐ música alegre de fondo.

Antes del juego:

Cree tres estaciones:
- La estación 1 será la estación de la "bañera".
- Coloque la "bañera", la gorra y el cepillo para baño donde todos puedan verlos.
- La estación 2 será la del "gimnasio".
- En esta área marque un cuadro con cinta adhesiva sobre el suelo.
- La estación 3 será donde se comen los bananos.

Instrucciones del juego:
- Este juego fue diseñado para que los superniños reconozcan la importancia de honrar a Dios al cuidar sus cuerpos.
- Después de todo, ellos son Su templo.
- En la estación 1, cada jugador se colocará la gorra para baño, entrará a la "bañera" y simulará que está usando el cepillo para baño en su espalda.
- Luego, cada jugador correrá al gimnasio y realizará cinco saltos de piernas abiertas con palmadas sobre la cabeza.
- Finalmente, la estación 3 ¡es para alimentarse! Cada jugador correrá hacia el asistente que tiene el recipiente lleno de bananos cortados por la mitad, luego tomará una mitad, la pelará y se la comerá toda.
- Use un cronómetro para registrar quién fue más rápido en cuidar su cuerpo.

Aplicación:
- Ésta es una perfecta oportunidad para recordarles a los superniños que Dios confía en que ellos cuidarán Su templo, es decir, su cuerpo. Explíqueles a los niños que el Señor desea que ¡Su casa reciba los mejores cuidados! Honremos a Dios al mantener Su templo ¡en óptimas condiciones!

DRAMA — LA GRAN AVENTURA DE B-RAD. PARTE 3: "MAESTRO DEL DISFRAZ"

Concepto: Este drama dura cinco semanas en la serie: Todo de mí.

Esta historia se trata de Tyson, el joven amigo del escritor, y también de un surfista que conoce a Jesús (basada en la historia de Pablo).

Al final de esta serie de cinco semanas, la audiencia descubrirá que el "Escritor", en realidad es el mismo B-Rad.

Consejo para el maestro: El personaje principal, el "Escritor", relata la historia y tiene la mayor parte de líneas.

Puede imprimir el guion para entregárselo al personaje principal, a fin de que lo utilice durante la presentación. Este guion puede esconderlo en el cuaderno que utilizará el personaje principal, y le será de ayuda para recordar sus líneas; pues el "Escritor" leerá la historia que escribió. Sin embargo, los demás actores deben saber sus líneas tanto como les sea posible. También es útil que los mismos actores realicen el mismo papel cada semana, a fin de darle continuidad al drama.

Consejo para involucrar a los adolescentes: Si cuenta con un adolescente con el talento para actuar en dramas, el papel de Tyson es el ideal para él.

Personajes:

Escritor: Un amigo mayor que Tyson, a quien le gusta mucho que lo halaguen.

Tyson: Un surfista, con un sentido del humor ingenioso; quien es un poco sarcástico, pero con actitud divertida.

Disfraces:

Escritor: Camisa estilo hawaiano, pantalones cortos y sandalias.

Tyson: Atuendo estilo surfista (pantalones cortos para surfista, sandalias, camisa para surf).

Implementos: ☐ 2 sillas para playa, ☐ sombrilla para playa, ☐ cuaderno y lápiz para el "Escritor".

Si tiene los recursos disponibles, decore el escenario al estilo "isla de surf", y manténgalo decorado durante la serie. Algunas ideas de artículos para decorar son: ☐ pelotas para playa, ☐ bolsas para playa, ☐ toallas coloridas para playa, ☐ tablas para surf : Puede hacerlas usando un pieza grande de poliestireno expandido o una plancha de contrachapado, ☐ una variedad de juguetes grandes y coloridos para playa.

(La escena inicia con el "Escritor" sentado en una silla con su cuaderno y un lápiz; luego entra Tyson).

TYSON:
Hola, ¿cómo estás?

ESCRITOR:
Igual que ayer, y anteayer.

TYSON:
Estupendo. Entonces ¿pudiste escribir más de tu historia?

ESCRITOR:
Sí. ¿Vas a practicar *surf* hoy?

TYSON:
Sí, pero podría esperar un poco si quieres leer un poco más.

ESCRITOR:
¿Dónde me quedé?

TYSON:
Brad se encontró con Andy en La Cafetería y descubrió que Dios
quería que él testificara entre los surfistas. Entonces Andy comenzó a enseñarle
a hablar como un surfista, y no como un ratón de biblioteca;
a fin de que los surfistas que no eran salvos pudieran escucharlo.

ESCRITOR:
Cielos, en realidad estabas prestando atención.

TYSON:
Admito que es una buena historia.
Es genial que él aprendiera su lenguaje;
pero déjame decirte algo, ningún surfista lo escuchará si se sigue vistiendo así.

ESCRITOR:
Tómalo con calma, ya estoy llegando a ese punto.

TYSON:
Que bien, pues nadie debería usar los pantalones tan alto.
Lo siento, continúa.

ESCRITOR:
Andy le presentó a Brad al "Maestro del disfraz de la isla", Les.
Él trabajaba con los casos más difíciles del área:
pantalones altos, calcetines con sandalias e incluso
los que usan el cabello estilo salmonete.

TYSON:
¡Cielos!

ESCRITOR:
Queda claro que Les era capaz de cumplir el reto.
Pero había un problema. Él cobraba US$500 por un cambio
de imagen, y Brad no los tenía.

TYSON:
¿Qué? Eso es falso.

ESCRITOR:
No te preocupes. Como te decía, él cobraba US$500 por cambio de imagen.
PERO después de escuchar el asombroso testimonio de Brad, decidió no cobrarle.

TYSON:
¡Estupendo!

ESCRITOR:
Cuando Les le realizó el cambio de imagen,
él lucía tan bien que todos lo llamaron B-Rad.

TYSON:
B-Rad, ¡me gusta ese nombre!
Apuesto a que ahora sí puede testificarle a un surfista.

ESCRITOR:
No del todo. Quizá B-Rad podía hablar y parecer un surfista,
pero aún había un inconveniente. Él todavía no podía practicar *surf*.
Y antes de que pudiera aprender, debía ponerse en forma.

TYSON:
Eso no debió ser muy difícil. ¿Acaso no practicaba algún deporte?

ESCRITOR:
¿Hablas en serio? B-Rad era el menos atlético de todos.
El único ejercicio que realizó durante el año escolar fue correr
la milla que requiere el curso de educación física,
y le tomó una hora finalizarla.

TYSON:
Amigo, eso no está bien. ¿Acaso B-rad no sabía que debía cuidar su cuerpo?

ESCRITOR:
No, pero estaba aprendiendo.
Andy le enseñó a B-Rad que su cuerpo también
era muy importante para Jesús, y lo ayudó a ponerse en forma.

TYSON:
Entonces ¿cuánto le tomó a B-Rad aprender *surf*?

ESCRITOR:
Una semana.

TYSON:
¡Una semana! A mí me llevó un año, y para ser bueno en el *surf* me tomó tres años.
No me digas que aprendió de esos videos donde dicen (hable como surfista):
"Puedo enseñarte cómo pasar sobre las olas como un profesional.
Sólo dame una semana y tres pagos de US$49.95".

ESCRITOR:
No, no usó esos videos. Fue algo sobrenatural. Dios le ayudó.
Él sabía que B-Rad necesitaría convertirse en un buen surfista
para guiar a los otros hacia Cristo.

TYSON:
Amigo, ¡eso no es justo!

ESCRITOR:
(Realiza un llanto falso y sarcástico).

TYSON:
Entonces ¿B-Rad sólo salió y comenzó a guiar a otros surfistas hacia Cristo?

ESCRITOR:
No del todo. Él necesitaba la ayuda de otros
surfistas cristianos para que en realidad pudiera lograr algo.
Pero no le sería fácil, pues él solía ser uno de sus peores enemigos.
Sería difícil obtener su confianza y convencerlos
de que él en realidad había cambiado.

TYSON:
¿Cómo se supone que lo hará? Espera, no me digas.
No has llegado hasta ahí.

ESCRITOR:
Está bien, no te lo diré. Dejaré que llegues
a esa conclusión por tu propia cuenta.

TYSON:
¡Ja, ja! Supongo que te veré mañana.

(Tyson sale, y el "Escritor" toma de nuevo el lápiz y comienza a escribir).

OFRENDA — LA FORMA CORRECTA DE DAR

Tiempo necesario: 10 minutos

Versículo para recibir la ofrenda: "Las manos generosas son bendecidas porque le dan pan al pobre". (Proverbios 22:9, MSG)

Implementos: ☐ Un poco de harina en una bolsa pequeña, ☐ guantes para jardín, ☐ un guante de béisbol, ☐ un poco de jarabe de chocolate (que parezca grasa para automóvil), ☐ toallas húmedas para limpiar la harina y el jarabe.

Instrucciones para recibir la ofrenda:

- Hoy, realizaremos una pequeña prueba. Pero antes de empezar, necesitaré la ayuda de cuatro cadetes.
- Pídale al primer cadete que se coloque los guantes para jardín.
- Al segundo, indíquele que use el guante de béisbol.
- Pídale al tercero que se cubra las manos con harina.
- Y al cuarto, con la "grasa para automóviles".
- Pídales a los cadetes que muestren, uno por uno, sus manos con los implementos o con la sustancia que tienen; luego permita que los demás digan qué clase de trabajo realizan sus manos. Entrégueles al "panadero" (el cadete con harina en las manos) y al "mecánico" (el cadete con jarabe de chocolate en sus manos) las toallas húmedas para que se limpien antes de sentarse.

Pregunte ¿Fue difícil descubrir qué tipo de trabajo desempeñaban las manos de cada cadete?

- Las del "panadero", podrían ser las manos a las cuales les gusta hornear algo delicioso y especial para su familia. Las del "beisbolista", podrían ser las manos de quien le gusta estar al aire libre y jugar con sus amigos. Las del "mecánico", podrían representar las manos de alguien que le gusta desarmar cosas y luego volverlas a ensamblar. Y las del "jardinero", podrían pertenecerles a alguien que ¡le gusta que las cosas se vean hermosas!
- Superniños, es asombroso cuando las personas usan sus manos para agradar a Dios. De hecho, hay un versículo en el que se nos enseña un tipo especial de manos que obran de esa manera. En Proverbios 22:9, leemos: "Las manos generosas son bendecidas porque le dan pan al pobre".

Pregunte ¿A qué tipo de manos se refiere ese versículo?

- Las manos generosas no son tacañas, sino que siempre están abiertas y dispuestas a dar.
- En la Palabra se nos explica que las manos generosas son bendecidas; y cuando nuestras manos son bendecidas, significa que siempre tenemos en abundancia para darles a otros.
- Examinemos nuestras manos, y asegurémonos de que estén agradando a Dios. Y cuando lo hagamos, sabremos que cualquier cosa que realicen nuestras manos ¡será siempre bendecida!

NOTAS

BOSQUEJO DE LA LECCIÓN — CON TODO MI CUERPO

Versículo para memorizar: «Porque Dios los compró a un alto precio. Por lo tanto, honren a Dios con su cuerpo». (1 Corintios 6:20, NTV)

I. SU CUERPO ES UNA CASA 1 Corintios 6:19
  a. En la Palabra de Dios se le llama a nuestro cuerpo: templo del Espíritu Santo.
  b. Los templos son lugares que necesitan especial cuidado y respeto.
  c. Hoy en día, muchas personas maltratan o le faltan el respeto a sus cuerpos.
  d. ¡Dios realizó un magnífico diseño cuando formó nuestros cuerpos!

II. SU CASA COSTÓ UN PRECIO MUY ALTO 1 Corintios 6:20
  a. Dios pagó el precio más alto para adquirir su "templo".
  b. Una casa valiosa merece los mejores cuidados.
  c. La sangre de Jesús es el precio que se pagó por nuestra "casa". Nuestro Padre celestial vive en ¡la casa más cara que existe!

III. DIOS LOS ESCOGIÓ A USTEDES COMO SU CASA
  a. Nuestro Padre pudo haber escogido vivir en cualquier otro lugar. Hechos 7:47-48
  b. Nosotros limpiamos nuestra casa cuando sabemos que alguien nos visitará.
  c. ¿En qué tipo de casa están permitiendo que Dios viva?

- Superniños, véanlo de la siguiente manera: Dios nos permite decidir qué tan limpia y bonita será Su casa. Depende de nosotros.

Pregunte ¿Cuántos cadetes van a mantener sus templos en óptimas condiciones para Dios?

Una palabra del comandante Dana: Vivimos en una sociedad donde muchas personas maltratan sus cuerpos, sin embargo, podemos enseñarles a nuestros niños que su cuerpo les pertenece, pero que también es el lugar donde habita Dios. El Espíritu Santo vive en nuestro cuerpo. Es nuestro amor por Dios el que nos llevará a honrarlo con nuestras decisiones en relación a nuestro cuerpo. Él no puede obrar a través de nuestras vidas si tenemos Su casa averiada y descuidada. A medida que les enfatice cuánto los ama Dios, los guiará a que tomen decisiones basados en el amor que ellos sienten por Él. Recuerde que nosotros lo amamos porque ¡Él nos amó primero!

LECCIÓN PRÁCTICA: LA CASA MÁS COSTOSA

Tiempo necesario: 10 minutos

Versículo para memorizar: «Porque Dios los compró a un alto precio. Por lo tanto, honren a Dios con su cuerpo». (1 Corintios 6:20, NTV)

Implementos: ☐ 2 fotografías de casas costosas y hermosas, ☐ 1 fotografía de un niño, ☐ una mesa, un caballete o un asistente (para mostrar las fotografías).

Antes de la actividad:
- Coloque las fotografías boca abajo sobre la mesa o en el caballete.

Instrucciones de la lección:

Pregunta ¿Cuántos han visto una casa realmente grande y hermosa? (Permita que ellos describan lo que han visto).

- Una casa como ésa puede ser muy costosa.

Pregunta ¿Podría alguien darme algunas razones por las cuales son tan costosas?

Posibles respuestas:
- Las casas hermosas requieren de mucho trabajo y esfuerzo.
- Las casas hermosas necesitan materiales caros.
- El diseño arquitectónico es muy costoso.
- Las casas hermosas requieren de mucho mantenimiento.

- (Muestre las casas y permita que los niños las vean, mientras se habla de cada una).
- Las primeras imágenes muestran unas casas hermosas que alguien construyó. Las personas las vieron, y pensaron: "¡Ése es el lugar perfecto para que yo viva!". Luego pagaron el precio necesario para vivir ahí. Pero ahora, déjenme mostrarles la mejor casa...
- (Ahora muéstreles la fotografía del niño).
- Esta casa es especial. Quizá no crean que este niño sea una "casa", pero para Dios sí lo es. Ahora bien, nuestro Padre celestial podría vivir en cualquier parte o planeta, pero Él decidió que quería vivir en ustedes.
- Dios los ideó y los planeó antes de que ustedes nacieran. Después, Dios nuestro Padre, envió a Jesús para que pagara el más alto precio por ustedes. Él dio lo mejor que tenía, a fin de que ustedes pudieran ser la "casa" perfecta para vivir (1 Corintios 6:20).
- Sin embargo, Él no entrará sin permiso. ¡Él esperará que lo inviten para mudarse a su vida!
- Superniños, si alguien les pregunta cuál es la casa más costosa y más hermosa del mundo, pueden decirles que lean 1 Corintios 6:20. ¡Ustedes son la mejor "casa" que Dios haya construido!

NOTAS:

LECCIÓN 8: CON TODO MI PASADO

- **BIENVENIDA Y ORACIÓN**
- **VERSÍCULO PARA MEMORIZAR**
- **TIEMPO PARA JUGAR**
- **SUPLEMENTO 1: DRAMA**
- **OFRENDA**
- **ALABANZA Y ADORACIÓN**
- **BOSQUEJO DE LA LECCIÓN**
- **SUPLEMENTO 2: EL LABORATORIO DE LA ACADEMIA**
- **RACIÓN, ANUNCIOS Y MATERIAL DE APOYO**

Versículo para memorizar: «...pero una cosa hago: olvidando ciertamente lo que queda atrás, y extendiéndome a lo que está delante». (Filipenses 3:13)

Serie: Todo lo que soy es para Ti

Academia de Superniños • Vol. 2/8.ª semana • Con todo mi pasado

TIEMPO PARA JUGAR — DESHAGANSE DEL PASADO

Tiempo necesario: 8-10 minutos

Versículo para memorizar: «...pero una cosa hago: olvidando ciertamente lo que queda atrás, y extendiéndome a lo que está delante». (Filipenses 3:13)

Consejo para el maestro: El papel arrugado puede servir para sustituir los huevos, a fin de crear una versión más fácil y sin desorden de este juego.

Consejo para involucrar a los adolescentes: Involucrar a los adolescentes como auxiliares es una gran forma de desarrollar la confianza en sí mismos, y un adolescente ameno y activo mantendrá a los niños involucrados y atentos.

Implementos: ■ 2 cartones de huevos duros, ■ 1 carpa plástica larga, ■ 2 cestas de basura (o una por equipo), ■ música alegre de fondo.

Antes del juego:
- Prepare los dos cartones de huevos duros. (Un cartón por equipo, y dependiendo del número de cadetes que asistan a la clase, el número de huevos puede variar).
- Extienda la carpa plástica para proteger el área de juego.
- Elija dos equipos, con tres jugadores por equipo.
- Uno de los jugadores sostendrá el cartón con huevos, otro los lanzará estando de espaldas, y el último recitará en voz alta el versículo para memorizar.

Instrucciones del juego:
- Los jugadores designados para declarar el versículo en voz alta, iniciarán el juego diciéndolo.
- Cada vez que digan bien el versículo, el jugador que sostiene el cartón de huevos le dará uno a quien debe lanzarlos.
- El jugador designado para lanzarlos debe estar de espaldas al cesto de basura y lanzarlos sin ver hacia atrás.
- Cada vez que repitan el versículo de manera correcta, pueden lanzar otro huevo.
- El equipo con la mayor cantidad de huevos en la cesta de basura —y si no hay ninguno, los que estén más cerca de ésta— ganará. Opción: Puede rotar la tarea asignada a cada uno, a fin de darle a cada jugador la oportunidad de repetir el versículo para memorizar.

Objetivo del juego:
Lograr que los niños se deshagan del viejo y maloliente pasado.

Aplicación:
Cada semana, sacamos la basura de casa. Hay muchas cosas en la basura que son del pasado. La comida que olía bien la semana pasada, ya no huele tan bien hoy. No podemos disfrutar del maravilloso futuro que Dios tiene para nosotros si aún está el mal olor del pasado en nuestra vida, ¿cierto? Olvidemos el pasado, el cual no es bueno, y echemos mano de lo mejor: Todo lo que Dios nos ha preparado. ¡Y éste se encuentra justo ante nosotros!

Serie: Todo lo que soy es para Ti

DRAMA

LA GRAN AVENTURA DE B-RAD. PARTE 4: "PASADO OSCURO"

Concepto: Este drama dura cinco semanas en la serie: Todo de mí.

Esta historia se trata de Tyson, el joven amigo del escritor, y también de un surfista que conoce a Jesús (basada en la historia de Pablo).

Al final de esta serie de cinco semanas, la audiencia descubrirá que el "Escritor" en realidad es el mismo B-Rad.

Consejo para el maestro: El personaje principal, el "Escritor", relata la historia y tiene la mayor parte de líneas.

Puede imprimir el guion para entregárselo al personaje principal, a fin de que lo utilice durante la presentación.

Este guion puede esconderlo en el cuaderno que utilizará el personaje principal, y le será de ayuda para recordar sus líneas; pues el "Escritor" leerá la historia que escribió. Sin embargo, los demás actores deben saber sus líneas tanto como les sea posible. También es útil que los mismos actores realicen el mismo papel cada semana, a fin de darle continuidad al drama.

Consejo para involucrar a los adolescentes: Si cuenta con un adolescente con el talento para actuar en dramas, el papel de Tyson es el ideal para él.

Personajes:

Escritor: Un amigo mayor que Tyson, a quien le gusta mucho que lo halaguen.

Tyson: Un surfista, con un sentido del humor ingenioso; quien es un poco sarcástico, pero con actitud divertida.

Disfraces:

Escritor: Camisa estilo hawaiano, pantalones cortos y sandalias.

Tyson: Atuendo estilo surfista (pantalones cortos para surfista, sandalias, camisa para surf).

Implementos: ☐ 2 sillas para playa, ☐ sombrilla para playa, ☐ cuaderno y lápiz para el "Escritor". Si tiene los recursos disponibles, decore el escenario al estilo "isla de surf", y manténgalo decorado durante la serie. Algunas ideas de artículos para decorar son: ☐ pelotas para playa, ☐ bolsas para playa, ☐ toallas coloridas para playa, ☐ tablas para surf: Puede hacerlas usando un pieza grande de poliestireno expandido o una plancha de contrachapado, ☐ una variedad de juguetes grandes y coloridos para playa.

NOTAS:

(La escena inicia con el "Escritor" sentado en una silla con su cuaderno y un lápiz; luego entra Tyson).

TYSON:
Hola, ¿cómo estás?

ESCRITOR:
¿Acaso nunca inicias una conversación
de otra manera que no sea? ¿Cómo estás?

TYSON:
¿Por qué? Si ésta funciona.

ESCRITOR:
No sé, quizá para variar un poco. Entonces ¿saldrás hoy?
Escuché que hay maravillosas olas en la costa norte.

TYSON:
Sólo si no has escrito más sobre B-Rad.
En realidad necesito saber qué le sucede a él.

ESCRITOR:
B-Rad está captando tu atención, ¿cierto?
Crees que ya se convirtió en alguien muy genial. ¡Admítelo!

TYSON:
Presumido. No.

ESCRITOR:
Dilo.

TYSON:
No.

ESCRITOR:
Está bien. No tienes que decirlo. (Cierra el cuaderno)

TYSON:
¡Ahh!, por favor. (Da un suspiro y ve a su alrededor) Bueno, está bien, lo diré.
Esto es muy cursi. B-Rad es alguien genial. Ahora, lee.

ESCRITOR:
Creo que nos quedamos en que Les y Andy ayudaban a B-Rad a hablar de otra manera,
a ponerse en forma y a convertirse en un verdadero surfista.
Ahora que él ya era uno de ellos, estaba listo para empezar.
Necesitaba la ayuda de otros surfistas cristianos si en realidad quería lograr algo.
Pero eso no sería fácil, ya que solía ser uno de sus peores enemigos.
Podía ser difícil ganarse su confianza y convencerlos que él de verdad había cambiado.

TYSON:
Eso ya lo leíste.

ESCRITOR:
Oh, sí. Continuemos. Andy decidió que ya era tiempo que B-Rad conociera a
Blaine, pues ya estaba listo. Él era la persona indicada para conectarlo con los surfistas JCD.

TYSON:
¿Los surfistas, Justos Como los Discípulos?
Esos surfistas son los cristianos más famosos de las olas.
B-Rad debía ser un creyente comprometido si quería pertenecer a su grupo.
Ellos podrían pensar que B-Rad estaba intentando engañarlos.
Pues antes les lanzaba libros y los calumniaba,
pero ahora es una persona salva y un buen surfista.

ESCRITOR:
Eso es cierto, pero todos éramos insensatos antes de conocer a Jesús, ¿verdad?

TYSON:
Claro. Entonces ¿le permitieron formar parte de JCD?

ESCRITOR:
Bueno, en esta parte las cosas se tornan un poco difíciles.
Decir mentiras de los surfistas JCD no era lo único que tenía B-Rad en su contra.
También había un secreto oscuro que no muchos conocían.

TYSON:
¿Como qué? ¿Hizo trampa en un examen de matemáticas una vez?

ESCRITOR:
Peor. Antes que B-Rad fuera salvo, conoció a un surfista llamado Jody.
Él le hablaba a B-Rad sobre Jesús todos los días en la escuela, lo cual enfurecía a B-Rad.
Entonces una noche entró a la guarida de los surfistas JCD y dañó la tabla de surf de Jody.
Al día siguiente, Jody usó su tabla, pensando que todo estaba bien,
pero no se dio cuenta que su tabla estaba dañada.
Entonces cuando lo alcanzó una gran ola…Jody desapareció.

TYSON:
¿A qué te refieres con que desapareció?

ESCRITOR:
Nunca lo volvieron a encontrar.

TYSON:
Cielos, ¡un surfista JCD murió por culpa de B-Rad! ¡No me imaginé que eso ocurriría!
No había manera en que los surfistas JCD lo dejaran formar parte de ellos.

ESCRITOR:
De hecho, sí lo dejaron entrar. Blaine había visto la vida de B-Rad
y estaba convencido que era una nueva persona. Luego, cuando B-Rad compartió cómo
Jesús había cambiado su vida, todos se dieron cuenta que era sincero.
Y debido a que el versículo favorito de los JCD era Filipenses 3:13:
«…pero una cosa hago: olvidando lo que queda atrás y extendiéndome a lo que está delante»,
¿cómo no iban a permitirle a B-Rad ser parte de su grupo?

TYSON:
Esa historia es realmente maravillosa. Entonces ¿de qué se trataba ese gran plan para que
B-Rad necesitara la ayuda de los surfistas JCD?

ESCRITOR:
B-Rad quería ganarse a los surfistas Abusivos Antidiscípulos.

TYSON:
He escuchado de ellos. Ellos sujetaban a los surfistas con cinta adhesiva a sus tablas,
y los lanzaban hacia las olas grandes. Sí, ellos son malvados.
B-Rad debe estar loco para querer hablarles.

ESCRITOR:
Quizá. Pero a veces es bueno estar un poco loco por Dios, ¿no crees?

TYSON:
Eso es todo lo que tienes, ¿cierto? ¿Cuánto más debes escribir?
¿Debo esperar hasta que salga en DVD?

ESCRITOR:
Tal vez, pero si me dejas de interrumpir, puedo terminar la historia.

TYSON:
Muy bien, Shakespeare. Te veré después.

(Tyson sale de escena).

Academia de Superniños • Vol. 2/8.ª semana • Con todo mi pasado

OFRENDA: EL PASILLO DE DIOS DE LA FAMA

Tiempo necesario: 10 minutos

Versículo para recibir la ofrenda: "Entren por Sus puertas con acciones de gracias y con una ofrenda de agradecimiento y ¡por Sus atrios con alabanza! Sean agradecidos y proclámenlo, ¡bendíganlo y glorifiquen Su nombre!". (Salmos 100:4, AMPC)

Implementos: ☐ Un señor cara de papa (incluyendo las partes adicionales).

Instrucciones para recibir la ofrenda:

Pregunte ¿Quién tiene un señor cara de papa? ¿Alguno de ustedes ha jugado con uno de ellos?
- El señor cara de papa es muy divertido. Quizá piensen que fue creado para la película *Toy Story*.

Pregunte ¿Puede alguien adivinar cuándo fue creado el señor cara de papa?
- Bien, él tiene mucho tiempo de existir, desde 1950 aproximadamente; mucho antes que *Buzz Lightyear*.

    A continuación algunos datos interesantes del señor cara de papa:
    - Fue el primer juguete anunciado por televisión el 30 de abril de 1952.
    - Vendieron más de 1 millón de ejemplares el primer año de producción.
    - Muchos otros personajes han sido añadidos a la familia del señor cara de papa.
    - (Pregúnteles a los cadetes los nombres de otros personajes que conozcan de la línea de juguetes cara de papa).
    - En el año 2000, incluyeron al señor cada de papa en el pasillo de la fama de los juguetes.

Pregunte ¿Sabe alguien qué se necesita para entrar al pasillo de la fama de los juguetes?
    Permítanme decirles qué se requiere:
    - **Estatus del producto:** El juguete debe de ser reconocido, respetado y recordado.
    - **Longevidad:** El juguete no puede ser una moda pasajera.
    - **Aprendizaje:** El juguete debe fomentar el aprendizaje y la creatividad.
    - **Innovación:** El juguete cambió en gran manera el juego o el diseño.
- (En ese momento, tome al señor cara de papa y exponga todas sus partes. Luego empiece a explicarles a los cadetes que ellos también fueron diseñados desde hace mucho tiempo por nuestro Padre celestial).

Pregunte ¿Están agradecidos por todos los juguetes que han creado para que ustedes se diviertan?
- No es de asombrarse que éste haya durado tanto. Pues me he divertido mucho hablando del señor cara de papa, colocándole sus orejas, sus brazos, sus pies, su boca y sus ojos. Superniños, Dios los formó de una manera en que cada parte de su cuerpo pudiera ofrecerle a Él la alabanza. Leamos juntos Salmos 100:4: "Entren por Sus puertas con acciones de gracias y con una ofrenda de agradecimiento y ¡por Sus atrios con alabanza! Sean agradecidos y proclámenlo, ¡bendíganlo y glorifiquen Su nombre!". Al señor cara de papa le tomó 50 años para ingresar al pasillo de la fama de los juguetes. Sin embargo, ustedes tienen libre acceso para entrar por las puertas de Dios con acciones de gracias, con una ofrenda de agradecimiento, y entrar por Sus atrios con alabanza!
- ¡Todos nosotros fuimos creados para Él! Podemos confiarle a Dios todo lo que tenemos. Mientras dan su ofrenda hoy, háganle saber a su Creador cuán agradecidos y cuán listos están para entrar a ¡SU PASILLO DE LA FAMA!

Serie: Todo lo que soy es para Ti

BOSQUEJO DE LA LECCIÓN — CON TODO MI PASADO

 **Versículo para memorizar:** «...pero una cosa hago: olvidando ciertamente lo que queda atrás, y extendiéndome a lo que está delante». (Filipenses 3:13)

I. NUESTRA MEMORIA FUE CREADA POR DIOS
a. Nuestra mente fue creada para ayudarnos a recordar cosas.
b. Fue diseñada para guardar buenos recuerdos.
c. Los malos recuerdos empezaron en el huerto de Edén. Génesis 3:24

II. NECESITAMOS OLVIDAR ALGUNAS COSAS
a. Las cosas malas que hemos visto y oído.
b. Lo malo que nos ha sucedido.
c. Incluso los errores que hemos cometido, pues ¡Dios también los olvida! Hebreos 8:12; Isaías 43:25

III. ALCANCEN EL PREMIO
a. Algunas personas piensan en el pasado todo el tiempo.
b. Pablo enseñó que es muy importante olvidar lo malo de nuestro pasado. Filipenses 3:13
c. Para alcanzar el premio que Dios tiene para ustedes, ¡no vean hacia atrás!
- (Es imposible correr bien si todo el tiempo ven hacia atrás; mirar hacia adelante significa ver hacia el brillante futuro que nuestro Padre celestial ha preparado para nosotros).

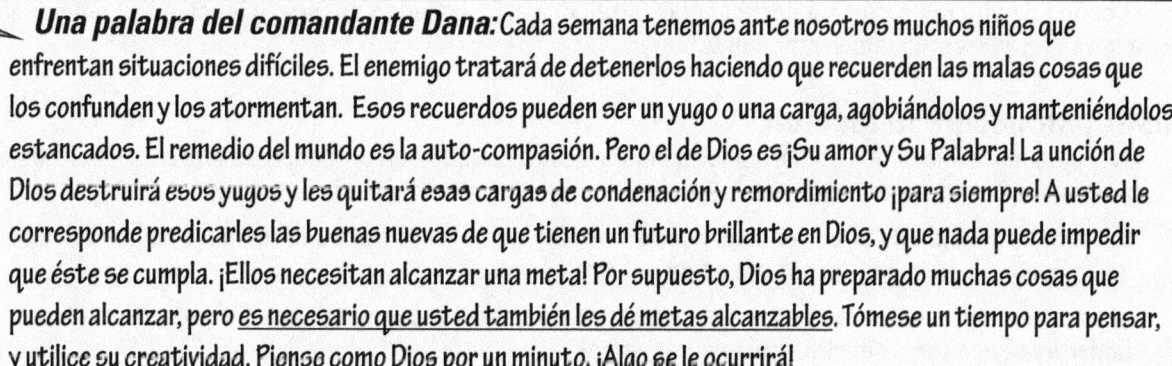

Una palabra del comandante Dana: Cada semana tenemos ante nosotros muchos niños que enfrentan situaciones difíciles. El enemigo tratará de detenerlos haciendo que recuerden las malas cosas que los confunden y los atormentan. Esos recuerdos pueden ser un yugo o una carga, agobiándolos y manteniéndolos estancados. El remedio del mundo es la auto-compasión. Pero el de Dios es ¡Su amor y Su Palabra! La unción de Dios destruirá esos yugos y les quitará esas cargas de condenación y remordimiento ¡para siempre! A usted le corresponde predicarles las buenas nuevas de que tienen un futuro brillante en Dios, y que nada puede impedir que éste se cumpla. ¡Ellos necesitan alcanzar una meta! Por supuesto, Dios ha preparado muchas cosas que pueden alcanzar, pero <u>es necesario que usted también les dé metas alcanzables</u>. Tómese un tiempo para pensar, y utilice su creatividad. Piense como Dios por un minuto. ¡Algo se le ocurrirá!

NOTAS:

Academia de Superniños • Vol. 2/8.ª semana • Con todo mi pasado

LABORATORIO DE LA ACADEMIA — DERRÍBENLOS

Tiempo necesario: 10 minutos

Versículo para memorizar: «...pero una cosa hago: olvidando ciertamente lo que queda atrás, y extendiéndome a lo que está delante». (Filipenses 3:13)

Implementos: ☐ Un recipiente limpio de yogurt de 8 onz. Rotule el recipiente con las palabras: "OLVIDEN EL PASADO", ☐ tijeras y cuchillo (el cuchillo se usará antes de la clase), ☐ un globo mediano, ☐ una banda elástica, ☐ 18 vasos de papel de 6 u 8 onzas (6 por torre): Una torre se llamará "Las cosas malas que he oído", la otra "Las malas cosas que he visto"; y la última: "Mis errores".

Experimento:

1. Haga un pequeño orificio en la parte inferior del envase de yogurt. El agujero debe medir 1/2 pulgada de diámetro. Prepare el recipiente y las torres antes de la clase. El resto del experimento puede realizarlo durante la clase.

2. Córtele la entrada al globo, y extiéndalo en la cobertura superior del recipiente de yogurt. Asegure el globo al recipiente con la banda elástica.

3. Déle un golpe suave al globo para que saque un poco de aire por el fondo del recipiente. Éste será el "cañón de aire".

4. En una mesa, construya las "torres de vasos", usando 6 vasos por torre. Fórmelas en estilo pirámide, dejando tres en la última fila, dos en la sección media, y coloque hasta arriba el que tiene nombre.

- Una se llamará: "Las cosas malas que he oído". La siguiente: "Las cosas malas que he visto"; y la tercera: "Mis errores".

- El cañón de aire lo usará para derribar "las torres de vasos" cuando enseñe la lección. (¡Puede pedirle ayuda a los superniños en cualquier momento!).

Instrucciones de la lección:

- ¿No sería maravilloso que pudiéramos eliminar nuestro pasado con un cañón de aire? Hoy, les mostraré cómo crear uno. (Construya el cañón, y explíqueles el proceso a medida que lo construye).

- Ahora que mi cañón de aire está listo, puedo mostrarles qué piensa el Señor de nuestro pasado y cómo Él desea que manejemos las cosas malas de nuestro pasado.

- Estas torres representan las tres áreas en nuestra vida que pueden detenernos si se los permitimos. (Construya cada torre mientras habla al respecto).

Pregunte ¿Han escuchado alguna vez cosas malas que se quedan grabadas en su mente y no pueden sacarlas de ahí?

- Vean la primera torre. La llamo: "Las cosas malas que he oído".

- En Filipenses 3:13, se nos enseña que olvidemos el pasado y que nos extendamos a lo que está por delante. Cuando lo hagan, las cosas malas desaparecerán mientras obedecen.

- (¡Use su cañón de aire para derribar la torre!).

- Superniños, algunas veces es más difícil olvidar lo que ven que lo que oyen. Quizá les parezca imposible olvidar las imágenes en la televisión, en la Internet o las acciones que ven que otros realizan.

- Pero la Palabra de Dios ¡también puede obrar en eso! ¡Olviden el pasado y vean lo que está delante! (¡Derribe la 2.ª torre!)

Serie: Todo lo que soy es para Ti

- Por último, pero no menos importante, destruiremos la 3.ª torre: "Mis errores". Todos hemos cometido errores; pero cuando nos arrepentimos, Dios nos perdona. Él no se recuerda más de éstos y ¡tampoco quiere que los guarden en su memoria!

Pregunte **Entonces ¿qué debemos hacer con la torre de: "Mis errores"?**

- ¡Correcto! ¡Derribémosla! Repitan después de mí: *Olvido el pasado y veo lo que está delante!* (¡Derribe la 3.ª torre!). Superniños, nunca olviden que si permiten que en su memoria se quede guardado lo malo que han visto u oído, o los errores que han cometido, éstos pueden construir una fortaleza que impedirá que vean todos los buenos planes que Dios ha preparado para su futuro. Entonces la próxima vez que surjan pensamientos negativos, recuerden nuestro cañón de aire: "OLVIDEN EL PASADO", ¡y derríbenlos!

NOTAS:

NOTAS:

LECCIÓN 9: CON TODO MI PRESENTE

- **BIENVENIDA Y ORACIÓN**
- **VERSÍCULO PARA MEMORIZAR**
- **TIEMPO PARA JUGAR**
- **SUPLEMENTO 1: DRAMA**
- **OFRENDA**
- **ALABANZA Y ADORACIÓN**
- **BOSQUEJO DE LA LECCIÓN**
- **SUPLEMENTO 2: LECCIÓN PRÁCTICA**
- **ORACIÓN, ANUNCIOS Y MATERIAL DE APOYO**

Versículo para memorizar: «...el momento preciso es ahora. Hoy es el día de salvación». (2 Corintios 6:2, NTV)

Serie: Todo lo que soy es para Ti

Academia de Superniños • Vol. 3/9.ª semana • Con todo mi presente

TIEMPO PARA JUGAR — DESAYUNO RÁPIDO

Tiempo necesario: 5 minutos

Versículo para memorizar: «...el momento preciso es ahora. Hoy es el día de salvación». (2 Corintios 6:2, NTV)

Consejo para el maestro: Por seguridad, si usted decide permitirles probar o tocar los alimentos, es importante preguntarles a los niños si son alérgicos a algún alimento.

Consejo para involucrar a los adolescentes: Involucrar a los adolescentes como auxiliares es una gran forma de desarrollar la confianza en sí mismos, y un adolescente ameno y activo mantendrá a los niños involucrados y atentos.

Implementos: ☐ 2 vasos grandes de leche chocolatada, ☐ 2 donas (colocadas sobre servilletas), ☐ 2 bananos, ☐ 1 mesa, ☐ 2 sillas, ☐ donas pequeñas para compartir (opcional), ☐ música alegre de fondo.

Antes del juego:

Coloque "la mesa de desayuno" con los alimentos divididos en partes iguales, y colóquelos en ambos extremos de la mesa.

Instrucciones del juego:

Pregunte ¿A cuántos les gusta desayunar?

- Claro, el tiempo usual para desayunar es en la mañana, después de levantarse; pero en este momento siento hambre.

Pregunte Bueno, ¿quién más tiene hambre ahora?

- ¡Genial! Porque habrá un reto de desayuno.
- Forme dos equipos, con tres integrantes cada uno.
- Permita que cada equipo decida el orden en que cada jugador se comerá un alimento del desayuno.
- El primer "comensal" de cada equipo se sentará en la silla y se comerá el alimento de desayuno de su elección.
- Cuando el primer "comensal" haya terminado, deberá levantarse y permitir que el siguiente también lo haga; y lo mismo ocurrirá con el siguiente.
- El primer equipo que se termine su desayuno, ¡ganará!

Pregunte A los "comensales": ¿Evité que se quedaran con hambre?

Pregunte ¿Sabían que en la Palabra se nos enseña que hoy es el momento preciso para la salvación?

- ¡Es cierto! Se encuentra en 2 Corintios 6:2. Lo mejor acerca de Dios es que Él no espera. Él es el Dios del ahora. Entonces si están hambrientos por la Palabra, no tienen que esperar hasta mañana, ¡pueden desayunar en la mañana al medio día o por la noche!

Objetivo del juego:

¡Diviértanse con este juego! Luego considere la posibilidad de repartirles donas a todos los niños que asistieron a la clase.

Serie: Todo lo que soy es para Ti

DRAMA — LA GRAN AVENTURA DE B-RAD. PARTE 5: "COCOS VOLADORES"

Concepto: Este drama dura cinco semanas en la serie: Todo de mí.

Esta historia se trata de Tyson, el joven amigo del escritor, y también de un surfista que conoce a Jesús (basada en la historia de Pablo).

Al final de esta serie de cinco semanas, la audiencia descubrirá que el "Escritor" en realidad es el mismo B-Rad.

Consejo para el maestro: El personaje principal, el "Escritor", relata la historia y tiene la mayor parte de líneas.

Puede imprimir el guion para entregárselo al personaje principal, a fin de que lo utilice durante la presentación. Este guion puede esconderlo en el cuaderno que utilizará el personaje principal, y le será de ayuda para recordar sus líneas; pues el "Escritor" leerá la historia que escribió. Sin embargo, los demás actores deben saber sus líneas tanto como les sea posible. También es útil que los mismos actores realicen el mismo papel cada semana, a fin de darle continuidad al drama.

Consejo para involucrar a los adolescentes: Si cuenta con un adolescente con el talento para actuar en dramas, el papel de Tyson es el ideal para él.

Personajes:
Escritor: Un amigo mayor que Tyson, a quien le gusta mucho que lo halaguen.
Tyson: Un surfista, con un sentido del humor ingenioso; quien es un poco sarcástico, pero con actitud divertida.

Disfraces:
Escritor: Camisa estilo hawaiano, pantalones cortos y sandalias.
Tyson: Atuendo estilo surfista (pantalones cortos para surfista, sandalias, camisa para surf).

Implementos: ☐ 2 sillas para playa, ☐ sombrilla para playa, ☐ cuaderno y lápiz para el "Escritor". Si tiene los recursos disponibles, decore el escenario al estilo "isla de surf", y manténgalo decorado durante la serie. Algunas ideas de artículos para decorar son: ☐ pelotas para playa, ☐ bolsas para playa, ☐ toallas coloridas para playa, ☐ tablas para surf: Puede hacerlas usando un pieza grande de poliestireno expandido o una plancha de contrachapado, ☐ una variedad de juguetes grandes y coloridos para playa.

NOTAS:

(La escena inicia con el "Escritor" sentado en una silla con su cuaderno y un lápiz; luego entra Tyson).

TYSON:
Hola, ¿qué onda?

ESCRITOR:
¿Onda? ¿Dónde aprendiste eso?

TYSON:
Conseguí un libro llamado: *Palabras coloquiales: Cómo usarlas*.

ESCRITOR:
¿En serio?

TYSON:
No. Como siempre te quejabas que dijera: "¿Cómo estás?".
Entonces decidí cambiar un poco por ti. ¿Terminaste tu libro?

ESCRITOR:
¿Qué paso con B-Rad? Oh, lo aceptaron en el grupo de surfistas JCD
después de que dio su testimonio, y a pesar de su terrible pasado. Ahora, B-Rad
planeaba ganarse, con la ayuda de los surfistas JCD, a los surfistas AA.
Pero no sería fácil, pues esos surfistas habían escuchado acerca del cambio de B-Rad
y estaban listos para enfrentarlo. Estaban determinados a acabar con él.

TYSON:
¿A qué te refieres, con "acabarlo"? ¿Lo van a matar? ¡Eso sería lamentable!

ESCRITOR:
Quizá ya no debería seguir con la historia. Al parecer te estás poniendo muy nervioso.

TYSON:
No, ¡estoy bien! Sigue leyendo.

ESCRITOR:
Después de mucha oración y ayunar sus alimentos favoritos —los Doritos® y los ositos de goma—,
B-Rad y los surfistas JCD estaban listos para testificarles a esos surfistas malos.
B-Rad sabía que el Señor estaría con él, ya que Él lo había enviado.
Entonces el viernes irían a la guarida de los surfistas AA a las 4:13,
y les predicarían las buenas nuevas de Jesús.

TYSON:
A las 4:13, ¿por qué a las 4:13?
(El escritor sólo lo observa; un poco molesto, y Tyson desiste de sus comentarios)
Continúa. Entonces a las 4:13 fueron a la guarida de los surfistas AA y…

ESCRITOR:
Nadie estaba ahí, entonces decidieron irse a casa. FIN.

TYSON:
¿Qué? Ése es el peor final que he escuchado. No puedo creer que haya perdido
una semana entera de surf para escuchar esa clase de final de: "La gran aventura de B-Rad".

ESCRITOR:
¡Te engañé! Sólo bromeaba. Ése no es el final. Pero fue muy gracioso verte perder el control.

TYSON:
No perdí el control. Bueno, quizá sí.
Entonces ¿qué sucedió cuando llegaron y no encontraron a nadie?

ESCRITOR:
En realidad, ellos sólo creían que no había nadie. Pero los surfistas sí estaban ahí,
aunque estaban escondiéndose, esperando darles una paliza a los surfistas JCD.

TYSON:
Eso no es bueno. ¿Y qué pasó después?

ESCRITOR:
De pronto, cocos empezaron a salir volando por todos lados.
Y los surfistas AA se colocaron en posición de ataque con todas sus fuerzas.
Puedes imaginarte cuán aterrorizante era la situación.

TYSON:
¿Cómo lograron salir con vida los surfistas JCD?

ESCRITOR:
No salieron con vida. Bueno, sí estaban vivos, pero no quisieron marcharse.
Pues sabían que Dios es el Dios del ahora;
y no podían esperar más tiempo para ganarse a los surfistas AA para Jesús.

TYSON:
Pero ¿cómo iban a testificarles si estaban esquivando cocos?

ESCRITOR:
Sólo se necesitaba de un milagro. Durante la pelea, el líder de los surfistas AA,
Chad, recibió un golpe en la cabeza por un coco que iba con
la velocidad con la que lanza un jugador de las grandes ligas.
Él dejó de respirar y su color de piel se tornó azul. Entonces todo se quedó en silencio.

TYSON:
¡Cielos! Eso no es un milagro.

ESCRITOR:
Que el lugar se quedara en silencio, no fue el milagro, ya que éste ocurrió después.
Cuando B-Rad vio a Chad en el piso, impuso sus manos sobre él y oró. Dios lo sanó al instante.
Después de eso, Chad y el resto de los surfistas AA le prestaron atención.

TYSON:
¿Cómo logró B-Rad eso?

ESCRITOR:
De la misma manera en que aprendió *surf* en una semana. Amigo, todo lo hizo Dios.
El Señor hará lo que sea necesario para alcanzar a las personas.

TYSON:
Entonces ¿qué les dijo?

ESCRITOR:
Les explicó que ése era el momento preciso para que recibieran a Jesús en sus vidas y
que no debían esperar otro día; el ayer ya pasó, y el hoy es todo lo que tienen.

TYSON:
Estupendo. Esa historia es real, ¿cierto?
No pudiste habértela inventado toda, no eres así de creativo.

ESCRITOR:
Muchas gracias.

TYSON:
Pero lo que no entiendo es cómo sabes tanto de ese tipo B-Rad.

ESCRITOR:
Sencillo, soy yo.

TYSON:
Por esa razón querías que yo pensara que ¡B-Rad era genial!
No sabía que podías practicar surf.
Toma una tabla, B-Rad, ¡me enseñarás algunos trucos!

(B-Rad y Tyson salen hablando, B-Rad hace una pose de surf al salir)

FIN

Academia de Superniños • Vol. 3/9.ª semana • Con todo mi presente

OFRENDA  ES TIEMPO DE EMPEZAR

 **Tiempo necesario:** 10 minutos

Versículo para recibir la ofrenda: "Aprende una lección de la hormiga, holgazán; mírala de cerca y deja que te enseñe una cosa o dos. Nadie le dice qué tiene que hacer. Durante el verano almacena alimento en la cosecha y acumula su provisión. ¿Cuánto tiempo más holgazanearás sin hacer nada?". (Proverbios 6:6-8, MSG)

Implementos: Varios volantes que anuncien los servicios que los cadetes podrían prestar (Ejemplos: Pasear perros, cortar pasto, cuidar niños, limpiar casas, etc.).

Instrucciones para recibir la ofrenda:

- Cadetes, hoy quiero compartirles algunas instrucciones del manual de Superniños (La Biblia). En Proverbios 6:6-8, de la versión The message, leemos: "Aprende una lección de la hormiga, holgazán; mírala de cerca y deja que te enseñe una cosa o dos. Nadie le dice qué tiene que hacer. Durante el verano almacena alimento en la cosecha y acumula su provisión. ¿Cuánto tiempo más holgazanearás sin hacer nada?".

Pregunte Ésas son palabras muy fuertes, ¿cierto?

- Quizá piensen: "Eso se refiere a los adultos, pues ellos son quienes tienen que trabajar". No necesariamente. Dios desea que Sus niños sepan cómo ¡trabajar arduamente y hacer bien la cosas! No me refiero a que deben ir a buscar un empleo y trabajar en una pizzería o en un banco. Sin embargo, hay "trabajos" que los niños y niñas de su edad pueden realizar. Veamos algunas ideas.
- Hemos creado unos volantes que pueden ayudarles a ser más como la hormiga. Tal vez han visto algunos de éstos colgados en el supermercado o en la heladería.
- Los volantes son excelentes para anunciar algunas tareas aptas para los superniños, con las cuales pueden ganar dinero y ser de ayuda a su familia y a sus amigos.
- ¡Veamos si hay algunos que ustedes puedan realizar!
- (Muestre cada volante y dé una breve explicación del "trabajo" o servicio que se publicó en cada uno de ellos).
- Pueden colocarlos en su casa, o tal vez dárselos a sus familiares.
- Por supuesto, necesitarán la ayuda de sus padres para obtener un "empleo".
- Al principio, la idea de encontrar trabajo no puede sonar divertida, pero después de iniciar, descubrirán que esas hormigas tenían un secreto.
- Se siente bien esforzarse para trabajar y hacer bien todo. Se siente bien tener en el bolsillo el dinero que se han ganado.
- ¿Y adivinen qué? Cuando traigan sus diezmos y sus ofrendas del dinero por el cual han trabajado, tanto ustedes como Dios notarán una pequeña diferencia: ¡lo obtuvieron al invertir su tiempo actuando como hormigas!

NOTAS:

BOSQUEJO DE LA LECCIÓN — CON TODO MI PRESENTE

Versículo para memorizar: «...el momento preciso es ahora. Hoy es el día de salvación».
(2 Corintios 6:2, NTV)

I. DIOS ES UN DIOS DE "AHORA"
   a. Dios conoce nuestro pasado y nuestro futuro. 2 Timoteo 1:9
   b. En la Palabra se nos enseña que nuestro futuro está asegurado.
   c. Hoy siempre es el mejor momento para servirle a Dios. 2 Corintios 6:2

II. NO ESPEREN TANTO TIEMPO
   a. Diez vírgenes fueron invitadas a una boda. Mateo 25:1-12
   b. Cinco no estaban preparadas, y las dejaron afuera.
   c. En la Palabra de Dios se nos enseña que estar preparados es ser sabios.

III. ESTÉN PREPARADOS PARA SERVIRLE A DIOS AHORA
   a. Jesús dijo que debíamos estar preparados para Su regreso. Mateo 25:13
   b. ¡Dios recompensa a los niños que le sirven a Él ahora!
   c. ¿Permanecerán preparados para vivir para Dios todos los días de su vida?

Una palabra del comandante Dana: Éste puede ser un mensaje serio, y no necesita convertirlo en algo escandaloso ni enfatizar el hecho de no estar justo a tiempo. En lugar de ello, enfatice la recompensa por estar preparados, listos para servirle a Dios. ¡Pues Él nos recompensa en gran manera! Me gusta dar algunos ejemplos de cómo estar listos:

Pregunte ¿Le preguntarán al Señor todos los días qué desea Él que ustedes realicen?

Pregunte ¿Le dirían al Señor que hoy se le acercarán a alguien que necesite que se le demuestre amabilidad?

Pregunte ¿Podemos prometerle a Jesús que puede contar con nosotros para que seamos Su luz hoy?
Invite a sus niños para que realicen junto a usted este compromiso. ¡Permanezcan preparados!

NOTAS:

LECCIÓN PRÁCTICA — APARTEN TIEMPO PARA DIOS

Tiempo necesario: 10 minutos

Versículo para memorizar: «...el momento preciso es ahora. Hoy es el día de salvación». (2 Corintios 6:2, NTV)

Implementos: ☐ 1 jarra plástica transparente, ☐ 1 frasco transparente (lleno de frijoles pintos crudos), ☐ 3 pelotas pequeñas de colores.

Antes de la actividad:
- Realice una prueba antes de presentárselo a los niños.
- Primero, coloque las pelotas dentro de la jarra.
- Luego, llénela por completo con los frijoles pintos crudos (dejándolos caer sobre las pelotas).
- Al llenar la jarra con los frijoles, después de haber colocado las pelotas en el fondo sabrá con exactitud cuánto necesitará de frijoles para la demostración.
- (Los frijoles llenan los espacios que se encuentran alrededor de las pelotas. Si se añaden primero los frijoles, las pelotas no podrían entrar en la jarra).

Instrucciones de la lección:
- He notado cuán ocupadas están las personas últimamente.

Pregunte Superniños, ¿también lo han notado?

- Algunas veces pareciera que hay muchas personas por visitar, lugares a donde viajar y cosas por realizar. Algunas veces pueden estar tan ocupados que las cosas más importantes quedan fuera. (Levante la jarra, el frasco con frijoles y las tres pelotas).
- Estos frijoles representan todas las cosas que se deben realizar a diario. (Deje caer algunos granos en la jarra).
- Se levantan en las mañanas y piensan: "Cuando termine de hacer todo, pasaré tiempo con Dios".
- Desayunan, van a la escuela, van al entreno de baloncesto y regresan a casa. (Coloque más frijoles en la jarra).
- Luego hacen la tarea, cenan y juegan un poco con la familia. (Vierta el resto de frijoles en la jarra).
- Es hora de ir a dormir. Es ahí donde se dan cuenta que ya no les queda tiempo. Ya es muy tarde. (Intente meter las pelotas en la jarra).
- Pasaron todo su día realizando otras cosas, pero no apartaron tiempo para Dios. (Pase los frijoles de la jarra al frasco).
- Ahora, veamos lo que sucede cuando le dan prioridad a Dios. (Coloque las tres pelotas en la jarra, y vierta los frijoles mientras la lección continúa).
- Primero pasan tiempo con Dios, luego desayunan, van a la escuela, practican baloncesto, regresan a casa, hacen su tarea, cenan y juegan un momento con su familia. (Muestre la jarra con las pelotas y los frijoles, todo está adentro).
- ¡Vean esto! Cuando le damos el primer lugar a Dios, ¡todo lo demás encaja en su lugar! Superniños, siempre pongan en primer lugar su tiempo con Dios.
- ¡Todo lo demás encajará mucho mejor!

LECCIÓN 10: CON TODO MI FUTURO

 **BIENVENIDA Y ORACIÓN**

 **VERSÍCULO PARA MEMORIZAR**

 **TIEMPO PARA JUGAR**

 **SUPLEMENTO 1: CASO REAL**

 **OFRENDA**

 **ALABANZA Y ADORACIÓN**

 **BOSQUEJO DE LA LECCIÓN**

 **SUPLEMENTO 2: LA COCINA DE LA ACADEMIA**

 **ORACIÓN, ANUNCIOS Y MATERIAL DE APOYO**

 **Versículo para memorizar:** «Reconócelo en todos tus caminos, y él enderezará tus veredas». (Proverbios 3:6)

Serie: Todo lo que soy es para Ti

TIEMPO PARA JUGAR

CARRERA DE QUESO

Tiempo necesario: 10 minutos

Versículo para memorizar: «Reconócelo en todos tus caminos, y él enderezará tus veredas». (Proverbios 3:6)

Consejo para el maestro: Por seguridad, si usted decide permitirles probar o tocar los alimentos, es importante preguntarles a los niños si son alérgicos a algún alimento.

Consejo para involucrar a los adolescentes: Involucrar a los adolescentes como auxiliares es una gran forma de desarrollar la confianza en sí mismos, y un adolescente ameno y activo mantendrá a los niños involucrados y atentos.

Implementos: ☐ 1 mesa, ☐ 2 platos, ☐ 1 tazón, ☐ 8-12 galletas, ☐ 2 latas de queso derretido, ☐ 8 pares de guantes desechables, ☐ música alegre de fondo.

Antes del juego:
- Llene el tazón con galletas, y colóquelo en medio de la mesa.
- Coloque un plato y una lata de queso derretido a cada lado del tazón.

Instrucciones del juego:
- Enséñeles a los superniños el versículo para memorizar.
- Forme dos equipos con cuatro jugadores cada uno.
- Coloque a cada equipo en fila frente a cada plato que colocó en la mesa, y déles los guantes desechables.
- Al anuncio de "salida", el primer jugador deberá tomar una galleta, cubrirla con queso, luego correr hacia un cadete que se siente en la primera fila del salón de la clase (o del área que se le asignó).
- Antes de que el jugador pueda regresar a la mesa, el cadete a quien seleccionó de la primera fila del salón, debe repetir el versículo para memorizar. Si ese cadete no lo dice o no lo termina, el jugador deberá ir con el siguiente hasta que encuentre quien pueda repetirlo.
- Una vez que diga el versículo de manera correcta, el cadete se comerá una galleta con queso.
- Luego el primer jugador regresará a la mesa al final de la fila. El siguiente jugador deberá repetir el proceso, pero escogerá un cadete de la siguiente fila, y así sucesivamente.
- ¡El primer equipo que termine ganará!

Opciones adicionales del juego:
- Si hay más de cuatro filas en el salón, pídales a los jugadores que se vayan a otra fila. Esto permitirá que más cadetes participen.
- Escoja nuevos cadetes, y jueguen una o dos rondas más.

Objetivo del juego:

Diviértanse, alimente a los niños y ¡deposite la Palabra en sus corazones!

CASO REAL — FLORENCE NIGHTINGALE

Concepto: Destacar un histórico e interesante lugar, personaje o evento que ejemplifique la lección del día. El tema de hoy es: Permitan que Dios planee su futuro.

Consejo para el maestro: Utilizar un disfraz atrae la atención del superniño. El actor debe estar lo más familiarizado posible con el material para que no dé la impresión que se lo sabe de memoria o deba leer toda la información. Cuando dé la presentación es útil que exponga con imágenes.

Consejo para involucrar a los adolescentes: Si entre los adolescentes tiene a uno que le gusta actuar, ésta es una gran oportunidad para exponer su talento.

Implementos: ☐ Un vestido al estilo antiguo (puede encontrarlo en una tienda de disfraces), ☐ el cabello bien peinado con una coleta baja, ☐ un quinqué.

INTRODUCCIÓN:

- Hoy hablaremos del futuro, es decir, su futuro. Dios es el mejor planificador, y Él tiene un gran plan para cada uno de Sus hijos. Hubo una señorita que entendió esa verdad. A sus 17 años, se dio cuenta que el llamado de Dios era que amara a las personas. ¿Cómo iba a amarlas? Convirtiéndose en la primera mejor enfermera del mundo y la fundadora de la enfermería moderna…Se le conocía como: "La dama con la lámpara". (Sostenga la lámpara).

 Pregunte

  ¿Alguien sabe de quién estoy hablando?

LECCIÓN:
No a todos les gusta el plan de Dios

- La asombrosa jovencita de quien les hablo, se llamaba Florence Nightingale. Ella nació en 1820, en una rica y popular familia británica. Tanto ella como su hermana fueron educadas por su padre, y por maestros privados que cobraban caro.

- Florence era una gran estudiante y le gustaba mucho aprender; y eso le ayudó a cumplir las metas que Dios le había dado.

- Uno de sus pasatiempos favoritos era escribir, y siempre lo hacía en su diario. De hecho, ahí fue donde escribió el plan de Dios para su vida. Dios le preguntó si ella haría el bien por Él sin importar lo que otros pensaran.

- Cuando Florence compartió eso con su familia, no todos estaban muy emocionados. De hecho, estaban molestos y enojados. Su madre fue quien más se opuso de su familia. Ella quería que Florence hiciera otras cosas con su vida, por ejemplo, organizar fiestas para personas importantes. ¿Por qué la familia de Florence no estaba tan emocionada con el plan que Dios tenía para la vida de ella?

- Simple. En aquel entonces, ser enfermera era uno de los peores trabajos que alguien podía tener. Las enfermeras trabajaban con personas pobres, enfermas, sucias; además, ganaban poco. No era exactamente lo que una señorita rica y popular debía hacer o lo que su familia deseaba que realizara.

- Qué bueno que Florence decidió no prestarle atención a lo que otros pensaban. Y emprendió con valentía el plan de Dios.

Un gran necesidad

- En ese tiempo, no había programas de entrenamiento para enfermeras. Sólo podían aprender por medio de la práctica. Imagínense trabajar en un hospital ¡sin ningún entrenamiento médico!

- Eso no la asustó, ella inició de inmediato y comenzó a aprender para convertirse en una enfermera; y lo hizo sin recibir ningún pago. Pero Dios cuidó de ella, y no le tomó mucho tiempo a Florence descubrir por qué Dios la había llamado para cumplir esa difícil misión…

- Los hospitales eran, en su mayoría, lugares para personas pobres que no podían pagar un médico privado; estaban sucios, malolientes y había mucha gente. La mayoría tenía drenajes en mal estado y sin flujo de aire en los edificios. ¡Imagínense cuán sucios y malolientes estaban! Los hospitales eran conocidos como los lugares donde las personas iban a morir, mientras las enfermeras las alimentaban y bañaban. No se consideraban como un lugar para recuperarse.

- A Florence no le gustaba esa imagen, entonces se esforzó para mantenerlos limpios. Ésa era una tarea difícil; pero cuando todo quedó limpio, ella notó que menos gente moría y que más sanaban. ¡Eso fue maravilloso! Nadie sabía en aquel entonces los efectos de los gérmenes sobre el cuerpo, pero Dios le dio a Florence algunas claves secretas de la salud. Eso cambió lo que muchos pensaban de los hospitales. Florence fue promovida, y se convirtió en la jefa de enfermería en Londres.

La dama de la lámpara

- Entonces ¿por qué Florence recibió el sobrenombre de: "La dama de la lámpara"?

- Bien, durante la Guerra de Crimea, ella dirigió a un equipo de enfermeras para ayudar a los soldados heridos. Una vez más, Florence entró en acción para limpiar los sucios hospitales. Casi la mitad de los soldados había muerto debido a los gérmenes, pues todo estaba muy sucio. Sin embargo, gracias al arduo trabajo de Florence, después de limpiar toda el área, ¡casi todos los soldados sobrevivieron!

- Pero limpiar hospitales no fue la única misión de Florence. Ella sabía que Dios la había llamado a amar y a cuidar a las personas. Entonces cada noche, cuando todos los médicos y las enfermeras se iban a dormir, Florence encendía su lámpara y visitaba a los soldados, uno por uno.

- Ella los animaba, escuchaba sus historias, y les llevaba esperanza. Incluso un periódico la llamó: "ángel ministrador". Por esa razón, la denominaron como: "La dama de la lámpara".

- Florence estaba tan determinada a correr la carrera que Dios había trazado para ella que decidió trabajar 20 exhaustivas horas diarias. ¡Eso representaba que sólo dormía cuatro horas cada noche!

HACIENDO HISTORIA:

- Florence fue fiel con los pequeños trabajos que Dios le encomendó cuando inició como enfermera voluntaria. Pero en la Biblia se nos promete que cuando somos fieles en lo poco, ¡Dios nos pondrá sobre mucho! Con el tiempo, la reconocieron como la mejor enfermera del mundo. A continuación les explicamos por qué:

    Entrenamiento y diseño: Florence escribió dos libros de entrenamiento para enseñar en los hospitales. También se convirtió en una experta diseñando hospitales. Fundó una <u>escuela de entrenamiento para enfermeras llamada: *Nightingale.*</u> A las enfermeras que se entrenaban ahí, se les llamaba: "Las enfermeras de *Nightingale*"; y eran las mejores del mundo. Los hospitales de todas partes querían contratarlas por su buen entrenamiento. Florence enviaba a sus enfermeras por todo el mundo, como misioneras, y siempre había un hermoso ramo de flores esperando su llegada. Hasta el día de hoy, estas enfermeras siguen cuidando a los enfermos y a los pobres.

    Influenció a reyes y a reinas: La reina Victoria le pidió a Florence que le ayudara a fundar una escuela médica para el ejército y que mejorara la salud de sus soldados. El rey Eduardo VII la condecoró con la "Orden al mérito". Ella fue la primera mujer en recibir ese premio por ser una servidora sobresaliente.

Impactó a los Estados Unidos: Florence entrenó personalmente a la primera enfermera estadounidense, Linda Richards; quien fue la pionera de la enfermería en los Estados Unidos y en Japón. Linda Richards también ayudó a la secretaría de los Estados Unidos para fundar hospitales para el ejército durante la Guerra Civil.

Impactó al mundo: Florence no fundó la Cruz Roja Internacional (la cual cuida enfermos, heridos y aquellos que han sido azotados por desastres naturales). Pero el hombre que sí la fundó, dijo que la había creado porque la ¡vida de Florence lo había inspirado mucho!

CONCLUSIÓN:

- Si Florence Nightingale hubiera escuchado los consejos de otros, hubiera pasado su vida organizando fiestas, gastando dinero y actuando como si fuera una persona muy importante. No obstante, ella escuchó a Dios y siguió el maravilloso plan que Él tenía para su vida. Florence sabía un gran secreto: no hay nada más divertido que amar a Dios y a las personas. Por esa razón, Florence Nightingale es nuestro caso real de hoy.

NOTAS:

Academia de Superniños • Vol. 3/10.ª semana • Con todo mi futuro

OFRENDA — DEJEN QUE SE ELEVE

Tiempo necesario: 10 minutos

Versículo para recibir la ofrenda: "Sentado cerca del arca de las ofrendas, Él observaba mientras todos ofrendaban. Muchos ricos daban grandes cantidades. Pero llegó una viuda pobre, quien ofrendó dos monedas pequeñas —dos miserables centavos—. Jesús llamó a Sus discípulos, y les dijo: "A decir verdad, esa viuda pobre dio más que lo que ofrendaron los demás. Pues todos dieron de lo que les sobraba; en cambio ella dio mucho más de lo que podía dar»". (Marcos 12:41-44, MSG)

Implementos: ☐ 12 globos inflados, ☐ 1 globo pequeños inflado con helio (puede ser en forma de corazón), ☐ 1 marcador negro, ☐ 1 bolsa grande de basura.

Antes de la ofrenda:
- Use el marcador para escribir la palabra "ofrenda" en cada globo.

Instrucciones para recibir la ofrenda:
- Entre al salón de clases con todos los globos dentro de la bolsa de basura.
- Quizá se pregunten qué es lo que tengo en mi bolsa.

 **¿Pueden adivinar?**
- Bien, antes de ver qué es, quiero hablarles de una mujer que vivió hace mucho tiempo y dio todo lo que tenía.
- Léales la historia de la "viuda pobre" que se encuentra en Marcos 12:41-44.

 **¿Les gustaría a algunos de ustedes sostener mi bolsa?**
- ¡Cielos! ¡A muchos de ustedes les gustaría ayudarme!
- Escoja cuatro niños. Pídales que pasen al frente de la clase viendo hacia donde están los demás. Deje que vean lo que tiene en la bolsa. Con cuidado saque los globos, uno por uno.
- Tres voluntarios sostendrán cuatro globos cada uno, dos en cada mano, y el cuarto voluntario el globo pequeño.
- Colóquele usted mismo los globos en las manos de los niños, a fin de que éstos queden bien sujetos; la parte inflada del globo deberá ir hacia arriba y el nudo entre los puños.
- Esto me recuerda la historia que acabamos de leer.
- Una multitud se acercaba para dar su ofrenda. La mayoría de personas ricas daban altas sumas de dinero, pero en realidad no les "costaba" nada, pues tenían mucho. Podían dar lo que quisieran. No era difícil para los ricos dar el dinero extra que tenían, entonces lo daban sin pensarlo.
- Cuando la viuda dio lo poco que tenía, eso captó la atención de Jesús; entonces Él llamó a Sus discípulos y les enseñó una gran lección. Lo más importante de su ofrenda no es cuánto den, sino cuánto de su corazón involucran en su ofrenda.
- Debido a que ella dio con todo su corazón, su ofrenda tocó el corazón de Jesús. Entonces cuando contemos hasta tres, los superniños soltarán sus globos. (Los globos con aire caerán al suelo, pero el pequeño con helio estará flotando en el techo). Superniños, Jesús quiere que su ofrenda sea como la de la "viuda pobre", una ofrenda de corazón que llegue hasta donde está el Padre.

BOSQUEJO DE LA LECCIÓN — CON TODO MI FUTURO

Versículo para memorizar: «Reconócelo en todos tus caminos, y él enderezará tus veredas».
(Proverbios 3:6)

I. DIOS TIENE UN GRAN FUTURO PARA SUS HIJOS
   a. Dios es el mejor planificador del mundo.
   b. Dios sabía todo acerca de ustedes ¡antes de crear el mundo! 2 Timoteo 1:9
   c. Dios ha estado pensado en ustedes desde hace mucho, mucho tiempo.

II. HAY UNA CARRERA QUE DEBEMOS CORRER Hebreos 12:1
   a. Nuestra carrera durará mientras vivamos en la Tierra.
   b. Jesús es el juez de esa carrera. 2 Timoteo 4:7-8
   c. Hay una gran recompensa para quienes terminen esta carrera. Filipenses 3:14

III. TERMINEN LA CARRERA, GANEN SU FUTURO
   a. Jesús nos reveló dos secretos para ganarla.
   b. Secreto No. 1: ¡Amar a Dios! Mateo 22:36-38
   c. Secreto No. 2: ¡Amar a las personas! Mateo 22:39

Una palabra del comandante Dana: He visitado muchas iglesias en los últimos años, y he conocido a muchos grandes líderes. ¿Sabe que he notado a veces? Las personas pueden ocuparse tanto en la obra para servirle a Dios que han perdido sus prioridades en el proceso. Una vez, escuché a un pastor bien intencionado decir: "No tengo tiempo para ser amable". Permítame retarlo a detenerse y pensar por un momento. Dios no tiene una prioridad mayor que Su familia, y usted y yo estamos en contacto con ésta a diario. Jesús dijo que el más grande mandamiento después de amar a Dios es amar al prójimo. ¿Y quién es nuestro prójimo? De acuerdo con Lucas 10, son las personas que padecen necesidad. Los sacerdotes y Levitas ocupados no tenían tiempo. ¿Está muy ocupado para cumplir ese mandamiento? Determine ser una persona que ministra y bendice a la familia de Dios. ¡Y su recompensa será grande!

Notas: _____
_____
_____
_____
_____

Academia de Superniños • Vol. 3/10.ª semana • Con todo mi futuro

LA COCINA DE LA ACADEMIA — SIGAN LA RECETA

Tiempo necesario: 10 minutos

Versículo base: «Pues Dios nos salvó y nos llamó para vivir una vida santa. No lo hizo porque lo mereciéramos, sino porque ése era su plan desde antes del comienzo del tiempo...». (2 Timoteo 1:9, NTV)

Consejo para el maestro: Por seguridad, si usted decide permitirles probar o tocar los alimentos, es importante preguntarles a los niños si son alérgicos a algún alimento.

Implementos: ☐ 2-4 copas de helado o platos para postre, ☐ 1 tazón mediano para mezclar, ☐ 1 batidor, ☐ 1 cuchara grande, ☐ 1 rodillo de cocina, ☐ 1 bolsa pequeña Ziploc®, ☐ 2 cucharas plásticas (para degustar), ☐ 2 delantales.

Antes de la actividad:

- Escoja un asistente para la demostración. Una de sus asignaciones será leer la receta, entonces escoja un cadete que ya pueda leer. Pídale a su asistente que lea la receta, paso a paso, y permita que le ayude con la preparación del pudín. Es divertido que ambos tengan un delantal.

Receta para el pudín:

Ingredientes: ☐ 1 caja pequeña de pudín instantáneo de vainilla, ☐ 2 tazas de leche fría, ☐ 1 paquete pequeño de galletas Oreo®, ☐ 1 lata de crema batida.

1. Bata la mezcla de pudín instantáneo durante 2 minutos con las dos tazas de leche fría en el recipiente para mezclar.
2. Vierta la mezcla en los platos de postre, y deje reposar durante 5 minutos.
3. Coloque las galletas Oreo® en la bolsa Ziploc®, y tritúrelas usando el rodillo hasta dejar en la consistencia deseada —no muy pequeñas—.
4. ¡Ahora viene la parte divertida! Para finalizar, vierta la crema batida y una cantidad generosa de migas de galleta.

Instrucciones de la lección:

- Hoy, hemos escogido a un gran asistente, y en las cocinas profesionales a ellos se les llama: "segundo chef". Mi ayudante tiene una importante tarea el día de hoy: Leerá la receta mientras preparo una delicioso pudín.
- (Pídale a su ayudante que lea la receta en voz alta. Prepare la receta y continúe con la lección después de haber terminado).
- Hoy, mi maravilloso asistente me ayudó con la parte más importante para preparar cualquier platillo: la lectura de la receta. Quizá tengan todos los ingredientes y los implementos necesarios para preparar un postre delicioso, pero si el plan o receta no se siguen, todo podría terminar en un gran desastre.

Pregunte Cadetes, ¿sabían que hay alguien que escribió una gran receta para sus vidas?

- Quizá suene divertido decirlo así, pero en la Biblia se nos enseña que Dios es un gran planificador y que Él sabía todo de sus vidas incluso antes de que creara el mundo.
- Ahora, bien, debido a que Dios se tomó el tiempo para escribir una receta para que ustedes tuvieran una vida asombrosa, ¿no sería buena idea seguir ese plan?
- De esa manera, su vida será buena y dulce, ¡así como este delicioso postre! (Usted y su ayudante lo pueden degustar).

Serie: Todo lo que soy es para Ti

LECCIÓN 11: FE

 **BIENVENIDA Y ORACIÓN**

 **VERSÍCULO PARA MEMORIZAR**

 **TIEMPO PARA JUGAR**

 **SUPLEMENTO 1: DRAMA**

 **OFRENDA**

 **ALABANZA Y ADORACIÓN**

 **BOSQUEJO DE LA LECCIÓN**

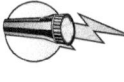 **SUPLEMENTO 2: EL LABORATORIO DE LA ACADEMIA**

 **ORACIÓN, ANUNCIOS Y MATERIAL DE APOYO**

 **Versículo para memorizar:** «La fe es la confianza de que en verdad sucederá lo que esperamos; es lo que nos da la certeza de las cosas que no podemos ver». (Hebreos 11:1, NTV)

Serie: Fe, esperanza y amor

Academia de Superniños • Vol. 3/11.ª semana • Fe

TIEMPO PARA JUGAR — ¿QUÉ VEN?

Tiempo necesario: 7-10 minutos

Versículo para memorizar: «La fe es la confianza de que en verdad sucederá lo que esperamos; es lo que nos da la certeza de las cosas que no podemos ver». (Hebreos 11:1, NTV)

Consejo para involucrar a los adolescentes: Involucrar a los adolescentes como auxiliares es una gran forma de desarrollar la confianza en sí mismos, y un adolescente ameno y activo mantendrá a los niños involucrados y atentos.

Implementos: ▪ Una mesa (con 20-30 artículos misceláneos), ▪ un mantel (para cubrir los artículos), ▪ una pizarra blanca y un caballete, ▪ un marcador y un borrador para pizarra, ▪ 1 venda para cubrirle los ojos a cada concursante, ▪ música alegre de fondo.

Antes del juego:

- Coloque una pizarra blanca al frente del salón, donde todos la puedan ver.
- Escoja varios concursantes.
- Puede realizarlo con equipos o concursantes individuales.
- Cubra los artículos con el mantel antes que los cadetes los vean. Luego véndeles los ojos a los concursantes.
- Pídales a los concursantes que están esperando su turno para jugar que salgan del salón, así no podrán ver ni escuchar las respuestas de los demás.

Instrucciones del juego:

- Guíe al primer concursante vendado hacia la mesa.
- Quite el mantel y permita que cada participante palpe los objetos durante 45 segundos.
- Luego cubra la mesa, quítele la venda y permita que el cadete escriba en la pizarra los objetos que recuerda.
- Déle un minuto a cada cadete para escribir lo que palpó en la mesa, y recuérdele a la audiencia que no tienen que dar respuestas. Lleve la cuenta de las respuestas correctas de cada participante. Borre la pizarra y pase al siguiente concursante. El cadete que más haya acertado y escrito correctamente los artículos ¡ganará!

Aplicación:

Nosotros podemos "ver" las cosas sin abrir los ojos. Cuando los cadetes tocaban los objetos de la mesa, ellos pudieron "verlos" en su mente. Eso nos recuerda que podemos "ver" las cosas en nuestra mente, antes de verlas con nuestros ojos, así como se nos relata en Hebreos 11:1. (Pídales a los niños que repitan el versículo con usted).

NOTAS: _____

_____

_____

_____

_____

Serie: Fe, esperanza y amor

Fe • Vol. 3/11.ª semana • *Academia de Superniños*

 **DRAMA** — **HOMBRE DE FE**

Concepto: Un superhéroe llamado "Hombre de fe" le brinda apoyo a los niños que necesitan ayuda. En esta historia, "Hombre de fe" ayuda a Aarón o Erin, quien está desanimado(a) porque piensa que su fe no funciona.

Personajes:
Aarón o Erin: Niño(a) cristiano(a)
Hombre de fe: Un superhéroe musculoso con una voz fuerte y animada.

Disfraces:
Aarón o Erin: Ropa de diario
Hombre de fe: Reloj de pulsera
Traje de superhéroe con capa (se puede encontrar en una tienda de disfraces).
Opciones para el traje de Hombre de fe: Compre una capa, una camisa roja y unos pantalones rojos de licra ajustados. Pinte en el frente de la camisa las letras "HF".

Implementos: ☐ 1 silla

(La escena inicia con Aarón/Erin sentado(a) en una silla con las manos en el mentón, triste).

AARÓN/ERIN:
¡Cielos! ¿Por qué no tengo fe?

HOMBRE DE FE:
(Tras bastidores)
¿Escuché a alguien decir que necesita fe?

AARÓN/ERIN:
¿Quién dijo eso?

HOMBRE DE FE:
(Tras bastidores)
Estoy feliz que preguntaras. Soooooy yo…

(Hombre de fe entra simulando que vuela).

HOMBRE DE FE:
¡Hoooommbre de fe! Soy capaz de remover montañas con una palabra de fe,
y soy fiel amigo del Hombre de esperanza; también soy un maravilloso
regalo para ayudar a niños como tú. ¡Yo soy Hoooommbre de fe!

AARÓN/ERIN:
Ya lo dijiste.

HOMBRE DE FE:
Lo sé, pero me divierto diciéndolo.
Deberías intentar presentarte de esa forma alguna vez…
¡Soooooy Aaaaaaaaaaaaarón/Eeeeeeeeerin! ¿Ves?

AARÓN/ERIN:
(Aún desanimado(a) responde)
Sí, quizá.

Serie: Fe, esperanza y amor

HOMBRE DE FE:
Entonces, dime, Aarón/Erin, ¿por qué estás tan triste?
¿Por qué estás tan deprimido(a)? ¿Por qué estás tan súper-dúper triste?

AARÓN/ERIN:
Bien, la semana pasada oré, y no recibí la respuesta. Creo que no tengo fe.

HOMBRE DE FE:
¡Momento, niño(a)! ¿No tienes nada de fe?
(HF comienza a hablar por su reloj) ¡Código rojo! Tenemos una emergencia.
Se ha hallado una "Zona sin fe". Repito, descubrí una "¡Zona sin fe!"
(Él coloca su dedo en la garganta de Aarón/Erin para tomarle el pulso).
Muy bien, lo bueno es ¡que aún sigues vivo(a)!

AARÓN/ERIN:
Claro que estoy vivo(a). Sólo dije que no tenía fe.

HOMBRE DE FE:
Te sorprendería saber cuántas personas sin fe están muertas.
¡Pasemos a la siguiente pregunta! ¿Has recibido a Jesús en tu corazón?

AARÓN/ERIN:
Sí.

HOMBRE DE FE:
¡Qué alivio! (Habla de nuevo a través del reloj).
Hombre de esperanza, cambio. Aquí hombre de fe. Suspende la alerta de "Zona sin fe".
Tenemos una falsa alarma. (Vuelve con Aarón/Erin).
Buenas noticias, mi niño(a). TIENES fe.

AARÓN/ERIN:
¿La tengo? ¿Cómo lo sabes?

HOMBRE DE FE:
Porque soy Hombre de fe. De hecho, no es por eso que lo sé,
sino porque en el manual de Superniños se nos enseña que Dios nos ha dado a
¡todos los creyentes una medida de fe!

AARÓN/ERIN:
Entonces Él me dio una medida muy pequeña de fe.

HOMBRE DE FE:
Te equivocaste de nuevo, ¡niñito(a)! Todos hemos recibido la misma medida de fe.
Nadie tiene ventaja sobre otros, y nadie se queda fuera.

AARÓN/ERIN:
Si eso es cierto, entonces ¿por qué mi oración no funcionó?

HOMBRE DE FE:
Primero, lo primero. Hay algunas cosas que necesitas saber acerca de la fe.
La fe y la paciencia son un equipo. Por medio de la fe Y la paciencia recibes
las promesas de Dios. Necesitas leer Hebreos 6:12.

AARÓN/ERIN:
Entonces ¿por qué no funcionó mi oración?

HOMBRE DE FE:
Muy bien, déjame ver si puedo explicártelo de una manera fácil para que entiendas.
Déjame pensar…mmm. Debes ser paciente y permitir que la fe haga su obra.

AARÓN/ERIN:
Pero aún no estoy seguro que tenga la misma medida de fe que todos.
Mi amigo Martin ha sido cristiano desde los tres años; y yo sólo desde hace un año.
¡Creo que él tiene más fe que yo!

HOMBRE DE FE:
No.

AARÓN/ERIN:
Mi pastor sabe más de la Biblia que yo, ¿acaso no tiene él más fe?

HOMBRE DE FE:
¡Negativo! Falso, erróneo, equivocado, no y no. ¿Algo más?

AARÓN/ERIN:
Sí, hay algo más… no tengo ningún talento especial como las demás personas.
¿Estás seguro que no tienen más fe que yo?

HOMBRE DE FE:
Tan seguro como que tengo una capa en mi espalda, Aarón/Erin.
En Romanos 12:3, se nos enseña que Dios nos ha dado a todos la misma medida de fe.
Ahora bien, lo que hagas con ella ¡depende de ti!

AARÓN/ERIN:
(Empieza a sonreír)
Gracias, Hombre de fe. Ya me siento mejor.
Ahora que sé que tengo fe, no dejaré de orar. ¡Seguiré creyendo!

HOMBRE DE FE:
¡Ésa es la actitud! Por cierto, ¿puedo preguntarte qué pediste en oración?

AARÓN/ERIN:
Por supuesto, pedí que no volvieran a darme tareas nunca más.

HOMBRE DE FE:
Bien, todo lo que te puedo decir es que te acostumbres a orar.
Pero antes de irme, permíteme darte un asombroso consejo del Hombre de fe.
Ora conforme a lo que se nos enseña en la Palabra de Dios,
y ¡recibirás la respuesta que estás pidiendo cada vez que ores! Hasta la próxima,
¡Soooooy Hombre de feeee!

(Hombre de fe sale simulando que vuela, y termina la escena).

NOTAS:

Academia de Superniños • Vol. 3/11.ª semana • Fe

OFRENDA — ¡PRUEBEN AL SEÑOR!

Tiempo necesario: 10 minutos

Versículo para recibir la ofrenda: «Traed todos los diezmos al alfolí...y probadme ahora en esto...». (Malaquías 3:10)

Consejo para el maestro: Ilustre esto en la forma del juego: "Hagamos un trato". Es una manera divertida y sencilla de enseñarles que lo único que demanda Dios de nosotros es que lo reconozcamos como nuestro proveedor: la Fuente de nuestras bendiciones. Reproducir música durante ¡el juego creará una hermosa atmósfera!

Implementos: ☐ 10 dulces masticables (Starbursts), ☐ 10 chicles con centro líquido, ☐ bandeja para mostrar los dulces.

Instrucciones para recibir la ofrenda:

- Hola, ¡superniños!, llegó la hora de jugar: ¡Hagamos un trato! (Llame a un niño por su nombre) ¡Acércate! Has sido elegido. La pregunta es: ¿Harás un trato conmigo?
- Como puedes ver, tengo 10 dulces masticables. (Muestre la bandeja con esos dulces).
- Te daré los 10 dulces si consideras que harás un buen trato conmigo. ¿Estás listo?
- Éste es el trato: Te daré los 10 dulces, y sólo debes devolverme uno. Te daré tiempo para pensarlo.

Pregunte ¿Hay algún niño que crea que es un buen trato?

- Muy bien, aquí están los 10 dulces masticables. (Muestre de nuevo la bandeja con los dulces).

Pregunte Concursante No. 1: ¿Me devolverás un dulce? ¿Harás un trato conmigo?

- (Después que el cadete acepte el "trato", escoja otro cadete y repita el proceso; pero con los chicles de centro líquido).
- Superniños, ése es el mismo "trato" que Dios quiere que hagamos con Él. Un dulce o un chicle es el 10%. y a esto se le llama: diezmo. En Malaquías 3:10, Dios nos declara que lo podemos probar con ese trato. Él nos proveerá las cosas que necesitamos, por ejemplo, dinero; y también nos bendecirá en lo que hagamos. <u>Nuestra</u> parte del "trato" consiste en darle a Dios el diezmo. Uno de diez.

Pregunte ¿Cuántos de ustedes creen que ése es un buen trato?

- Dios siempre cumple Su parte en cualquier trato. Ése es el único versículo de la Palabra en que se nos enseña que lo probemos. Cadetes, permitan que Dios les pruebe cuán bueno y fiel es. El diezmo le pertenece a Él, y el resto a nosotros. Ésa es una verdadera señal de que ¡Él nos ama y nos bendice en gran manera!

NOTAS: _____

Serie: Fe, esperanza y amor

BOSQUEJO DE LA LECCIÓN — FE

Versículo para memorizar: «La fe es la confianza de que en verdad sucederá lo que esperamos; es lo que nos da la certeza de las cosas que no podemos ver». (Hebreos 11:1, NTV)

I. LA FE ES UN MARAVILLOSO DON DEL CIELO Santiago 1:17

a. La fe es un don especial de Dios. Romanos 12:3

b. Cada persona, de manera individual, tiene la misma medida de fe.

c. Nadie tiene ventaja sobre otro, ¡y nadie se queda fuera!

II. LA FE PUEDE CUMPLIR SUEÑOS Y ESPERANZAS

Pregunta: ¿Cuántos superniños pueden pensar en sueños grandes que pueden cumplirse?

(Pídales a los cadetes que cierren sus ojos y que piensen durante 30 segundos en ese sueño y que no hablen).

a. Piensen en la más grande y mejor esperanza que tengan.

¿Sabían ustedes que su fe apunta hacia donde tienen puesta su esperanza, y que además, ésta la hace realidad?

Pregunta b. La fe actúa como un "¡imán de esperanza!".

III. LAS PALABRAS Y LA FE FUNCIONAN COMO EL ARCO Y LA FLECHA

a. La fe es como una flecha que apunta hacia el blanco de la esperanza.

b. Las palabras correctas envían "la flecha de la fe" ¡directo al blanco!

c. Cuando nuestro sueño es el sueño de Dios, ¡a Él le agrada mucho que éstos se vuelvan realidad!

Una palabra del comandante Dana: Para ilustrar esta lección, usted podría armar un escenario de tiro al blanco con poliestireno expandido. Pídale ayuda a un par de niños, y explíqueles los principios de la esperanza, de la fe y de las palabras de la siguiente manera: "Niños y niñas, hay muchas cosas que espero recibir. Veámoslo de esta forma: mi esperanza es como este blanco. Mi fe quiere darle al blanco, pero necesita ayuda. Esta flecha es como mi fe, pero no puede dar en el blanco si no hay algo que la lance. Este arco funciona como las palabras, el cual enviará la flecha al objetivo. Las palabras correctas enviarán la fe adonde necesita ir. Declarar la Palabra de Dios enviará la flecha de la fe al blanco de la esperanza, y obtendrán lo que estaban esperando".

P.D. Incluso si usted no le pegara con la flecha al blanco, en realidad no importa. Sólo dígales: "Niños, quizá fallemos en este juego de lanzar la flecha, sin embargo, las flechas con fe en Dios nunca fallan".

Academia de Superniños • Vol. 3/11.ª semana • Fe

LABORATORIO DE LA ACADEMIA

EL IMÁN DE LA ESPERANZA

Tiempo necesario: 10 minutos

Versículo para memorizar: «La fe es la confianza de que en verdad sucederá lo que esperamos; es lo que nos da la certeza de las cosas que no podemos ver». (Hebreos 11:1, NTV)

Consejo para el maestro: Por seguridad, si usted decide permitirles probar o tocar los alimentos, es importante preguntarles a los niños si son alérgicos a algún alimento.

Implementos: ☐ 1 imán grande, ☐ varios objetos que pueden ser atraídos por el imán (Por ejemplo: clips, clavos, tachuelas, etc.)

Instrucciones de la lección:

- Superniños, hoy traigo algo con lo que les gusta jugar a todos: un imán. También traje varios objetos para probarlo. Veamos que cosas atrae y cuáles no. (Tome unos minutos para experimentar con el imán. Puede pedirles a los niños que lleven cosas para ponerlo a prueba).

- Éste ha sido un experimento divertido, pero no lo traje ¡sólo para jugar! En realidad, quiero hablarles de otro tipo de imán, un imán espiritual llamado: fe. En Hebreos 11:1, leemos: «La fe es la confianza de que en verdad sucederá lo que esperamos; es lo que nos da la certeza de las cosas que no podemos ver» (NTV).

- Quizá algunos de ustedes no entiendan por completo ese versículo, entonces permítanme explicárselos de la siguiente manera: Digamos que este clip de papel es algo que están esperando recibir.

- Tal vez están esperando que su papá consiga un mejor empleo para que no tenga que trabajar de noche, y pueda pasar más tiempo con ustedes y con su familia a esa hora. Este clip es un nuevo trabajo para su papá, y el imán es su fe. Ustedes creen en la Palabra de Dios que afirma que si le dan el primer lugar al Señor, todas las demás cosas estarán bajo Su cuidado. Eso es confiar en Dios y usar el poderoso imán de la fe. Veamos cómo este clip de la esperanza es atraído por el imán de la fe. (Demuestre que el clip es atraído por el imán).

- Superniños, cuando su imán de la fe es fuerte, ¡éste siempre atraerá las cosas que están esperando recibir!

NOTAS:_____

Serie: Fe, esperanza y amor

LECCIÓN 12: ESPERANZA

 **BIENVENIDA Y ORACIÓN**

 **VERSÍCULO PARA MEMORIZAR**

 **TIEMPO PARA JUGAR**

 **SUPLEMENTO 1: CASO REAL**

 **OFRENDA**

 **ALABANZA Y ADORACIÓN**

 **BOSQUEJO DE LA LECCIÓN SUPLEMENTO 2:**
 **LA COCINA DE LA ACADEMIA**

 **ORACIÓN, ANUNCIOS Y MATERIAL DE APOYO**

 **Versículo para memorizar:** «Y esta esperanza no nos defrauda, porque Dios ha derramado su amor en nuestro corazón por el Espíritu Santo que nos ha dado». (Romanos 5:5, NVI)

Serie: Fe, esperanza y amor

Academia de Superniños • Vol. 3/12.ª semana • Esperanza

TIEMPO PARA JUGAR — LANZAMIENTO DE FRISBEE®

Tiempo necesario: 10 minutos

Versículo para memorizar: «Y esta esperanza no nos defrauda, porque Dios ha derramado su amor en nuestro corazón por el Espíritu Santo que nos ha dado». (Romanos 5:5, NVI)

Consejo para involucrar a los adolescentes: Involucrar a los adolescentes como auxiliares es una gran forma de desarrollar la confianza en sí mismos, y un adolescente ameno y activo mantendrá a los niños involucrados y atentos.

Implementos: ■ 20-25 botellas plásticas de soda vacías, ■ 20-25 premios pequeños que puedan entrar en una botella plástica de soda, ■ 1 disco de Frisbee®, ■ billetes de US$ 1, US$ 5 ó US$ 10, ■ música alegre de fondo.

Antes del juego:

- Coloque un premio dentro de cada botella vacía.
- En el interior de la tapa de una botella, coloree una estrella roja. Esa botella será la "botella de bono".
- Coloque las botellas con premios enfrente del salón en diferentes lugares.

Instrucciones del juego:

- Enséñeles a los cadetes el versículo para memorizar.
- Para ser participante, cada jugador tiene que repetir el versículo.
- Después de que el jugador designado haya dicho el versículo, tendrá la oportunidad de lanzar el disco de Frisbee®.
- El objetivo es lanzarlo y botar una botella de soda.
- Si uno de los jugadores le da a la "botella de bono" que contiene la estrella roja, él/ella ganará ¡US$1, US$5 ó US$10!
    1. Si algún jugador no le da a ninguna botella con el Frisbee®, ese jugador regresará a su lugar sin premio. (Considere darle un dulce pequeño por haber dicho bien el versículo para memorizar).
    2. El jugador que le dé a una botella con premio, recibirá el premio que se encuentra dentro de la botella, luego regresará a su lugar. (Quite esa botella del área de juego).
    3. Si un jugador bota varias botellas con un sólo lanzamiento del Frisbee®, se le dará el premio de la primera botella que derribó, y luego regresará a su lugar. (Coloque las otras botellas derribadas en su lugar para el siguiente jugador).
- Permita que participen tantos cadetes como tiempo y botellas hayan disponibles. Considere utilizar este juego si tiene tiempo disponible antes de finalizar la clase.

Aplicación:

Nunca se den por vencidos. Sin importar cuántas veces se equivoquen, ¡no abandonen la esperanza!

Serie: Fe, esperanza y amor

Esperanza • Vol. 3/12.ª semana • *Academia de Superniños*

CASO REAL — ABRAHAM LINCOLN

Concepto: Destacar un histórico e interesante lugar, personaje o evento que ejemplifique la lección del día. El tema de hoy es: La esperanza.

 **Consejo para el maestro:** Utilizar un disfraz atrae la atención del superniño. Es de gran ayuda usar imágenes cuando les enseña.

 Consejo para involucrar a los adolescentes: Si entre los adolescentes hay alguien a quien le gusta actuar, ésta es una gran oportunidad de exponer su talento.

Implementos: ■ camisa blanca de botones y corbatín, ■ sombrero de copa, ■ traje oscuro, ■ cabello bien peinado, ■ barba, ■ 1 billete de US$ 5, ■ 1 centavo.

INTRODUCCIÓN:

- Hoy, hablaremos sobre la esperanza, una esperanza que nunca se da por vencida. Jesús tenía una esperanza tan fuerte que nunca se rindió cuando las cosas parecían imposibles.

Pregunte ¿Cuál fue esa esperanza?

- La esperanza de Jesús era rescatar al mundo del pecado y la muerte. Y existió otro hombre quien tuvo una esperanza que nunca se rindió.

Pregunte ¿Les da este disfraz (o muestre el billete de US$5) alguna pista?

- Esta persona tenía esperanza para hacer algo que parecía imposible.

Pregunte ¿Cuál era esa esperanza?

- Su esperanza era ponerle fin a la esclavitud en los Estados Unidos. Entonces, a sus 23 años, Abraham Lincoln se dispuso a dejar su marca como líder en esa nación.

LECCIÓN:
Las grandes esperanzas de Abraham:

- Abraham Lincoln nació en 1809, en una familia granjera pobre, y asistió a la escuela sólo año y medio. Sin embargo, eso no impidió que tuviera grandes esperanzas. Durante aquella época, la mitad de los habitantes de Estados Unidos tenía esclavos.
- (Si alguno de los cadetes no sabe qué es la esclavitud, tome un momento para explicarlo: "Un esclavo era una persona a quien compraban, vendían o le pertenecía a alguien").
- Abraham trató de convencer a los líderes de que la esclavitud no era buena, pero no todos estaban de acuerdo. Los argumentos acerca de la esclavitud hicieron que Abraham se percatara de algo: Si él quería marcar un GRAN impacto, necesitaría tener una gran voz.

Pregunte ¿Qué posición le permitiría a Abraham Lincoln tener la voz más influyente y el impacto más poderoso?

- Ser presidente de los Estados Unidos. Eso quizá parecía imposible, pero Abraham Lincoln no era alguien que se rendía fácilmente. Eso fue algo bueno, pues le tomó casi ¡30 años llegar a ser presidente!

Serie: Fe, esperanza y amor

Un camino difícil:

- Aunque convertirse en presidente era obtener un gran éxito, el camino de Abraham para terminar con la esclavitud apenas comenzaba. No tenía idea alguna que el camino sería tan difícil. En 1861, el presidente Lincoln empezó a usar su gran voz para realizar cambios, y ¡eso ocasionó que algunas personas se enfadaran!

- Las personas de la región del Sur estaban tan molestas que comenzaron a luchar para quedarse con sus esclavos. Eso le dio inicio a la Guerra Civil, una de las mayores guerras en la historia de los Estados Unidos.

- La batalla de Gettysburg fue tan terrible que el presidente Lincoln perdió la tercera parte de todo su ejército. De hecho, fue tan severa que Abraham Lincoln tuvo que conseguir más soldados para que lucharan. Incluso los del Norte empezaron a dudar de las decisiones del presidente Lincoln. Las personas de Nueva York estaban tan molestas que comenzaron a destruir la ciudad para hacerle saber al presidente Lincoln cuán furiosos estaban. Muchos estadounidenses tenían miedo de que la guerra contra la esclavitud destruyera a esa nación para siempre, entonces lo presionaron para que se diera por vencido.

- Pero nadie más comprendía el concepto de determinación como Abraham Lincoln, y él hizo lo que fue necesario para liberar a los esclavos.

- A Abraham Lincoln no le gustaba cómo los dueños trataban a sus esclavos; pues muchos eran golpeados, y algunos eran asesinados. Él creía que todos éramos iguales y que debíamos vivir libres y disfrutar de la vida.

- Por tanto, a pesar de la guerra, de las protestas y de las amenazas de muerte, Abraham Lincoln mantuvo viva la esperanza y liberó a más de 3 millones de esclavos con la: "Proclamación de la Emancipación". ¡Intenten decirlo rápido 5 veces!

Victoria:

- Después de cuatro difíciles años y muchas batallas, la guerra civil finalmente terminó, y Abraham Lincoln fue reelecto como presidente. Y ahora era tiempo de poner a los Estados Unidos en el camino hacia la sanidad, y darles a los esclavos la libertad que se merecían.

- Por esa razón, el presidente Lincoln redactó las 13a. enmienda de la Constitución.

- Básicamente, la enmienda era una nueva ley para la nación, ¡la cual acabaría con la esclavitud para siempre! Había un último paso para cumplir ese sueño, los líderes de la nación debían votar a favor. La primera vez que esa enmienda fue propuesta, la rechazaron; entonces una vez más, el presidente Lincoln tuvo que esforzarse aún más, y habló con los líderes para persuadirlos a cambiar de manera de pensar. Y finalmente, logró que cambiaran su mentalidad, pues la segunda vez que propuso la enmienda, ésta fue aprobada. ¡El sueño de Abraham por fin se hizo realidad!

HACIENDO HISTORIA:

- Abraham Lincoln no se limitó a terminar con la esclavitud; tenía muchos otros grandes propósitos como presidente. Él declaró "El día de acción de gracias" como un fiesta nacional oficial. ¿Sabían que antes de que el presidente Lincoln declarara el "Día de acción de gracias" como fiesta nacional, ésta sólo se celebraba de vez en cuando? Cuando estaba en la presidencia, ya habían transcurrido 50 años sin que esta fiesta se celebrara.

- Abraham Lincoln sabía que los estadounidenses tenían muchas razones para estar agradecidos, y que debían celebrarlo todos los años. La cena de acción de gracias de seguro nos hace sentirnos agradecidos. ¡Así se hace, Abraham!

CONCLUSIÓN:

- La próxima vez que enfrenten algo que parezca imposible, tomen un centavo y recuerden al presidente Lincoln. Él poseía una esperanza que jamás se daba por vencida, y gracias a él, ¡los Estados Unidos cambiaron para siempre! Quien sabe, quizá su esperanza pueda cambiar al mundo… y debido a que Abraham Lincoln nos inspira para que nunca nos demos por vencidos, él es el caso real del día de hoy.

OFRENDA — ¡TRAIGAN SUS OFRENDAS!

Tiempo necesario: 10 minutos

Versículo para la ofrenda: «Pero el rey le respondió a Arauna: No, sino que insisto en comprarla, no le presentaré ofrendas quemadas al Señor mi Dios que no me hayan costado nada. De modo que David le pagó cincuenta piezas de plata por el campo de trillar y por los bueyes». (2 Samuel 24:24, NTV)

Consejo para el maestro: Antes que empiece la clase, pídale a uno de los cadetes que le ayude con esta lección. Déle un billete de US$5 y que lo guarde hasta que usted lo llame. Cuando le pida su ayuda, él se le acercará y le "dará" una ofrenda.

Implementos: ☐ Un billete de US$ 5, ☐ el recipiente de la ofrenda.

Instrucciones para recibir la ofrenda:

- Sosteniendo la canasta para la ofrenda, pídale a su ayudante que lo ayude.

Pregunte ¿Quién puede decirme qué acabo de hacer?

- (La respuesta correcta sería: "dio su ofrenda").
- Eso quizá sea cierto, superniños. ¡Al menos parece como si alguien estuviera dando una ofrenda! Pero quiero relatarles una historia que se encuentra en 2 Samuel 24, en la cual se nos enseña algo muy importante acerca de la ofrenda. El rey David necesitaba un lugar para edificar un altar para ofrecer sacrificios a Dios. Pero entonces algo interesante sucedió. Un hombre llamado Arauna tenía un lugar que era perfecto para que el rey edificara su altar allí, y le presentara sus ofrendas a Dios. Arauna le dijo al rey que podía quedarse con el campo sin pagarle nada. Y no sólo eso, Arauna también le dijo al rey que le daría los bueyes y la madera. ¡Qué buen trato!
- Esperen un minuto, cadetes. Escuchen lo que David le respondió a Arauna. Leamos 2 Samuel 24:24: «Pero el rey le respondió a Arauna: No, sino que insisto en comprarla, no le presentaré ofrendas quemadas al Señor mi Dios que no me hayan costado nada. De modo que David le pagó cincuenta piezas de plata por el campo de trillar y por los bueyes» (NTV).
- Niños, es maravilloso cuando sus padres les dan dinero para ofrendar. Ésa es una manera en que nuestros padres nos enseñan a darle a Dios. Pero lo que el rey David nos enseña aquí es que en algunas situaciones debemos <u>dar nuestra propia</u> ofrenda a Dios. Permítanme desafiarlos a todos ustedes, a meditar en esto cada vez que preparen la ofrenda que traerán a la iglesia. Pregúnteles a sus padres si pueden dar de su propio dinero. Y puedo prometerles una cosa…¡Dios los bendecirá en gran manera!

NOTAS:

Academia de Superniños • Vol. 3/12.ª semana • Esperanza

BOSQUEJO DE LA LECCIÓN — ESPERANZA

Versículo para memorizar: «Y esta esperanza no nos defrauda, porque Dios ha derramado su amor en nuestro corazón por el Espíritu Santo que nos ha dado». (Romanos 5:5, NVI)

I. FUIMOS CREADOS PARA TENER ESPERANZA

a. Cuando Dios nos creó, depositó esperanza en nuestro interior.

b. De hecho, nuestro Padre tenía ¡grandes esperanzas cuando nos creó!

c. Dios desea concedernos las peticiones de nuestro corazón. Salmos 37:4

II. JOSUÉ TENÍA EN REALIDAD UNA <u>GRAN</u> ESPERANZA

a. Dios le había prometido una tierra especial para Israel. Génesis 13:14-15

b. A causa de los que dudaban, Josué tuvo que aferrarse a la esperanza durante 40 años. Él caminó con los incrédulos por 40 años en el desierto.

c. Cuando su fe apunta hacia su esperanza, ¡ésta se mantiene obrando hasta que finaliza su trabajo!

III. NUNCA SE DEN POR VENCIDOS

a. Cuando la esperanza se demora es tormento para el espíritu. Proverbios 13:12

b. ¡Nunca, pero nunca, abandonen la esperanza que Dios nos brinda! Sean como Josué, quien se mantuvo con la esperanza de que se cumpliría la promesa de Dios, incluso cuando todos se habían dado por vencidos.

c. Cuando los sueños se cumplen, la esperanza trae vida y fuerza.

Recuerden que los superniños que se mantienen con esperanza hasta el final son fuertes. Piensen en grande y tengan una esperanza grande, así como Josué, quien fue un verdadero "¡Héroe de esperanza!".

Una palabra del comandante Dana: Intento que los niños mediten en lo que oyen. Durante esta lección, les pediría a varios niños que compartieran algo por lo cual tienen esperanza que ocurra. Los guiaría para que sus esperanzas se alineen con la Palabra de Dios, pues ¡esas esperanzas son poderosas!

Si estamos a la expectativa de que la fuerza de la esperanza obra en nuestra vida, debemos identificar qué clase de esperanza habita en nuestro corazón. Después de esto, sólo debemos pedirle a Dios conforme a las Escrituras, luego apuntar hacia el objetivo con nuestra fe; y finalmente, expresar las palabras que puedan empezar a manifestar aquello que esperamos. Ésta es una gran oportunidad para que los niños aprendan cómo obran juntas la fe, la esperanza y nuestras palabras. Con esa combinación, ¡Dios siempre gana!

Serie: Fe, esperanza y amor

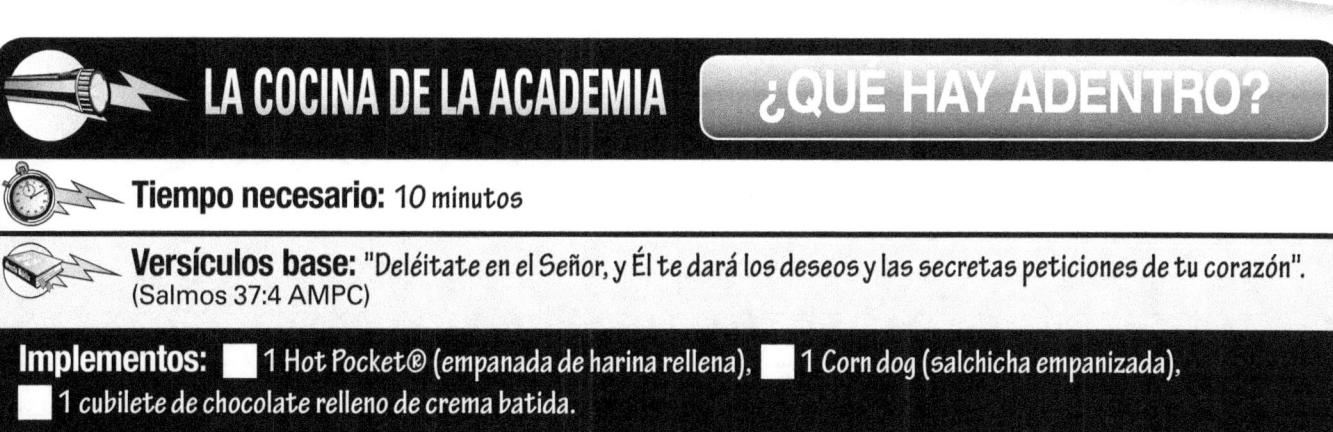

LA COCINA DE LA ACADEMIA — ¿QUÉ HAY ADENTRO?

Tiempo necesario: 10 minutos

Versículos base: "Deléitate en el Señor, y Él te dará los deseos y las secretas peticiones de tu corazón". (Salmos 37:4 AMPC)

Implementos: ☐ 1 Hot Pocket® (empanada de harina rellena), ☐ 1 Corn dog (salchicha empanizada), ☐ 1 cubilete de chocolate relleno de crema batida.

Instrucciones de la lección:

- Superniños, en vez de preparar una receta, examinemos algunos alimentos que ya están preparados. No tienen que hacer nada, pues no hay que picar, cocinar, amasar o mezclar. ¡Todo está listo para comer!

Pregunte ¿Puede alguien decirme qué tienen estas tres comidas en común?

- (Déles tiempo a los cadetes para que den sus opiniones).
- ¡Así es! Todos están rellenos, tienen algo extra en su interior. Éste es un Hot Pocket®.

Pregunte Levanten las manos si en realidad les gusta este alimento. ¿Qué tiene adentro?

- Existen diferentes tipos, pero veamos qué tiene éste. (Abra el Hot Pocket® y muéstreles a los niños el relleno. Permita que algunos niños lo huelan).
- El siguiente es uno de mis favoritos a la hora de ir a una feria.

Pregunte ¿Qué es?

- Un corn dog.

Pregunte ¿Qué hay dentro del corn dog?

- Sí, ¡una salchicha! ¡Me están dando deseos de almorzar! Y por último…

Pregunte ¿Quién sabe qué es esto?

- ¿Un cubilete? ¡Pero no sólo es un simple cubilete!

Pregunte ¿Qué sorpresa encuentra la persona que lo muerde?

- Crema batida. Estos alimentos tienen algo que fue colocado en su interior por las personas que los prepararon.

Pregunte Cadetes, ¿sabían que tienen un Hacedor, Dios, quien puso algo especial en su interior?

- Así como el panadero colocó crema dentro del cubilete, nuestro Padre nos llenó de esperanza. En Salmos 37:4, leemos: "Deléitate en el Señor, y Él te dará los deseos y las secretas peticiones de tu corazón" (AMPC). Dios puso esperanzas y sueños especiales en el interior de cada uno de nosotros. Quizá los corn dogs y los cubiletes tengan algo delicioso en su interior, pero eso no se compara con el "relleno de esperanza" que ¡Dios ha depositado en nosotros!

NOTAS:

NOTAS:

LECCIÓN 13: AMOR

- **BIENVENIDA Y ORACIÓN**
- **VERSÍCULO PARA MEMORIZAR**
- **TIEMPO PARA JUGAR**
- **SUPLEMENTO 1: DRAMA**
- **OFRENDA**
- **ALABANZA Y ADORACIÓN**
- **BOSQUEJO DE LA LECCIÓN**
- **SUPLEMENTO 2: LECCIÓN PRÁCTICA**
- **ORACIÓN, ANUNCIOS Y MATERIAL DE APOYO**

Versículo para memorizar: «...Dios es amor; y el que permanece en amor, permanece en Dios, y Dios en él». (1 Juan 4:16b)

Serie: Fe, esperanza y amor

 **TIEMPO PARA JUGAR** — **EL SALTO DEL AMOR**

 **Tiempo necesario:** 5-10 minutos

 **Versículo para memorizar:** «...Dios es amor; y el que permanece en amor, permanece en Dios, y Dios en él». (1 Juan 4:16b)

 **Consejo para involucrar a los adolescentes:** Involucrar a los adolescentes como auxiliares es una gran forma de desarrollar la confianza en sí mismos, y un adolescente ameno y activo mantendrá a los niños involucrados y atentos.

Implementos: ▪ 2 sombreros de copa alta, ▪ 2 cubetas (llenas de corazones pequeños hechos de cartulina), ▪ con cinta adhesiva forme un rectángulo en doce secciones, ▪ música alegre de fondo.

Antes del juego:

- Dibuje un rectángulo en el piso dividido en 12 secciones.
- Deje que sea lo suficientemente grande para que cada cadete pueda estar de pie con facilidad sobre un número.
- Corte pequeños corazones usando la cartulina.
- Forme dos equipos con dos jugadores cada uno.
- Los equipos se pueden turnar para jugar o puede trazar dos rectángulos.
- Uno de los jugadores debe permanecer adentro, sosteniendo el sombrero, mientras que el otro estará afuera del rectángulo.

Instrucciones del juego:

- Comparta lo siguiente con los niños: "En la Palabra se nos enseña que aquellos que aman a Dios en realidad habitan donde Él vive. Entre más seamos como Dios, más amor tendremos en nuestra vida. Hoy, veremos quién atrapa más 'corazones de amor' ¡en su sombrero!".
- Para iniciar el juego, el líder dirá un número, y el jugador dentro del cuadro saltará hacia donde está el número.
- Una vez que el jugador esté en el cuadro correcto, su compañero que está afuera debe lanzar un "corazón de amor" a su compañero dentro del cuadro. Continúe diciendo números para que el jugador salte en diferentes secciones.
- Deben atrapar los corazones sólo cuando se encuentre en el número correcto. Si atrapa un corazón en un lugar equivocado, éste no contará.

Objetivo del juego:

El equipo con la mayor cantidad de corazones en el sombrero ganará el reto del "Salto del amor".

Aplicación:

Amar como Dios ama requiere de mucho esfuerzo, ¡pero es muy divertido! Puede enfatizar ese punto durante y después del juego. También es un buen juego para enfatizar la cooperación y la paciencia con su compañero.

DRAMA: EL PAQUETE DE AMOR

Concepto: Cuando Klaire, el personaje principal, ordena el paquete especial de "amor", se consterna cuando le entregan un paquete de "Dios", y cree que le enviaron el paquete equivocado.

Personajes:

Klaire: una jovencita femenina, pero no tonta

Cartero: feliz y normal

Anuncio de radio: Voz detrás del escenario de vendedor optimista

Disfraces:

Klaire: Ropa femenina

Cartero: Overol o uniforme (puede encontrarlo en una tienda de segunda mano)

Implementos: ☐ Grabadora o reproductor de CDs, ☐ 2 paquetes, 1 grande y 1 pequeño; ambos etiquetados con la palabra "DIOS", ☐ un teléfono o un celular, ☐ una silla, ☐ un juego para cortar uñas: lima, esmalte de uñas, etc., ☐ un portapapeles de madera, papel y lapicero para el cartero.

(La escena inicia con Klaire sintonizando una emisora, y luego arreglándose las uñas).

VOZ DETRÁS DEL ESCENARIO:
¿Alguna vez has sentido que no te aman?

KLAIRE:
(Suspiros)
Claro.

VOZ DETRÁS DEL ESCENARIO:
¿Estás cansada de que nadie te ame por quien eres?

KLAIRE:
Sí.

VOZ DETRÁS DEL ESCENARIO:
¿Alguna vez te has sentado a arreglarte las uñas, deseando tener a alguien con quien platicar?

KLAIRE:
(Viendo a todos lados)
Mmm, esto es raro.

VOZ DETRÁS DEL ESCENARIO:
Bien, escucha, ¡esta oferta es para TI! Puedes recibir el paquete de "Amor" en la puerta de tu casa, gratis. Así es, completamente gratis.

KLAIRE:
(De manera sarcástica responde)
Sí, como no. Como si en realidad fuera gratis.

VOZ DETRÁS DEL ESCENARIO:
Quizá te estés preguntando cómo podemos entregarte gratis nuestro paquete de "Amor".

KLAIRE:
Otra vez, esto suena extraño…

VOZ DETRÁS DEL ESCENARIO:
Estamos tan seguros de que te gustará mucho
el paquete de "Amor" que desearás pedir más.
Por esa razón, queremos dártelo. ¿Qué puedes perder?

KLAIRE:
Buen punto.

VOZ DETRÁS DEL ESCENARIO:
¡Qué esperas! Llama ahora y también recibe nuestro
paquete de regalo "Amor para los demás".
Pues además de sentirte amada, ¡también amarás a los demás!

KLAIRE:
Eso suena muy bien.

VOZ DETRÁS DEL ESCENARIO:
No encontrarás mejor oferta que ésta. ¡Toma tu teléfono y llama ahora!

KLAIRE:
(Mira para todos lados de nuevo)
Súper extraño. Pero está bien, lo haré.
Tomaré mi teléfono y llamaré ahora.

VOZ DETRÁS DEL ESCENARIO:
Estarás feliz de hacerlo.
(Lo repite poco a poco hasta que se desvanece).
La cláusula de 1 Juan 4:16 es aplicable en todas la situaciones…

KLAIRE:
(Habla por teléfono, simulando que habla con la persona en la línea)
Hola, llamo para solicitar el paquete de "Amor". Sí. Gracias.
Oh, ¡espere! ¿No necesitan mi dirección? ¿No? ¿Saben dónde vivo?
¡Cielos! Eso ES muy raro. Muy bien, adiós.

KLAIRE:
Me pregunto cuánto tardará en venir mi paquete de "Amor".

(El cartero toca la "puerta", y entra con dos paquetes, mostrando una gran sonrisa).

CARTERO:
¡Hola, señorita! Tengo dos paquetes especiales
de "Amor" para Klaire Klueseeker.

KLAIRE:
¡Cielos! ¡Eso fue muy rápido! ¿Cómo lo lograron?

CARTERO:
¿Hacer qué?

KLAIRE:
Olvídelo. ¿Qué debo hacer?

CARTERO:
Sólo tiene que firmar aquí, y es suyo.

(Klaire firma, y el cartero le entrega los paquetes).

CARTERO:
Aquí tiene, señorita. El paquete de "Amor" y el regalo especial:
"Amar a los demás".

KLAIRE:
Muchas gracias.

(El cartero está a punto de irse, pero Klaire lo detiene).

KLAIRE:
Espere un minuto, ¡creo que esto no es mío!
No me enviaron lo que ordené.

CARTERO:
(Regresa y revisa el paquete)
Mmmm, permítame corroborar. No, sí son suyos.
Ahí dice: Dos paquetes de "amor" para Klaire Klueseeker.

KLAIRE:
Sí, lo sé, pero éste es el paquete de "Dios", no el de "Amor". Vea.
(Klaire le señala donde dice Dios).

CARTERO:
Mmmm. Entonces ¿nadie le dijo?

KLAIRE:
¿Decirme qué? ¡Sabía que había un engaño!

CARTERO:
No, no hay engaño. Quizá usted no ha leído la cláusula de 1 Juan 4:16.

KLAIRE:
¿Qué dice?

CARTERO:
La cláusula de 1 Juan 4:16, declara que Dios ES Amor.
Eso significa que si recibe a Dios es lo mismo que recibir Amor.
Entooonces si recibió el paquete de "Dios",
significa que adquirió el paquete de "Amor".

KLAIRE:
Eso lo explica todo. Genial. Gracias, ¡cartero!
¿Puedo acompañarlo a la puerta mientras me explica más?

CARTERO:
¡Claro!

(Klaire lo toma del brazo, y se marchan).

NOTAS:

Academia de Superniños • Vol. 3/13.ª semana • Amor

OFRENDA — UNA PROVISIÓN INAGOTABLE

Tiempo necesario: 10 minutos

Versículo para la ofrenda: "Sean generosos. Denles a los pobres. Y estarán en un banco que nunca irá a la quiebra...". (Lucas 12:33, MSG)

Consejo para el maestro: Esté preparado para enviar a su banquero a casa con el "banco". Si no quiere regalar su frasco de dulces, lleve una bolsa Ziploc® de un galón para guardar los dulces y dársela al cadete al final de la clase.

Implementos: ▪ Un frasco pequeño, transparente con tapadera, ▪ una bolsa con dulces.

Antes de la ofrenda:

- Escriba la palabra "BANCO" en el frasco pequeño, transparente.
- Llene el frasco con dulces.
- Aparte dulces para volver a llenar el frasco.

Instrucciones para recibir la ofrenda:

- Superniños, hoy les traigo algo que quizá no han visto antes. Es una especie de alcancía, y es especial porque en vez de guardar dinero en ella, ésta se encuentra llena de dulces. Si se preguntan por qué está llena de dulces en vez de centavos, se los diré. Pensé que sería mucho ¡más divertido dar dulces que dinero! ¿Están de acuerdo? Entonces para esta "demostración de dar", necesitaré un asistente.

 **¿Hay algún cadete a quien le gustaría ayudarme?**

- Muy bien, éste es el plan: (dígale al cadete): Éste ahora es tu banco y tu tarea consiste en tomar de tu "dinero" (los dulces) y compartirlos con algunos niños. Y mi trabajo es sostener este "banco" por ti. ¿Te parece?
- (Mientras el cadete les reparte algunos dulces a los otros niños, vuelva a llenar el banco a espaldas de su banquero. Repita el proceso varias veces).
- Mi "banquero" ha sido muy generoso hoy; vean todos los dulces que ha compartido. (Haga que los niños enseñen los dulces que recibieron).
- Pero echémosle un vistazo al banco. (Muéstrele el frasco al "banquero").

 Banquero: ¿Pareciera que tu banco está a punto de quedarse sin dulces?

- Tendría sentido que este banco se quedara sin dulces porque has repartido muchos.

Superniños: ¿Por qué la cantidad de dulces no disminuyó en el banco?

- Porque cada vez que se repartían, se reemplazaban más dulces de los que se tomaban.

Cadetes, ¿sabían que Dios hace lo mismo cuando somos dadores generosos?

- En Lucas 12:33, MSG, Jesús nos dijo: "Sean generosos. Denles a los pobres. Y estarán en un banco que no irá a la quiebra...". Contar con un banco que nunca quebrará significa que jamás se quedará sin recursos. ¡Qué asombroso! Cuando somos dadores generosos, Jesús nos prometió que sería como si tuviéramos un banco que nunca irá a la quiebra. ¿Por qué?
- Porque cada vez que damos, Él está allí para reemplazar lo que hemos dado y darnos más. Con un banco así, ¡no hay razones para no tener un corazón generoso!

Serie: Fe, esperanza y amor

BOSQUEJO DE LA LECCIÓN — AMOR

Versículo para memorizar: «...Dios es amor; y el que permanece en amor, permanece en Dios, y Dios en él». (1 Juan 4:16b)

I. TODOS NECESITAMOS AMOR
a. Cada persona necesita amor en su vida.
b. Jesús nos enseñó que ¡el amor y Dios es lo mismo! 1 Juan 4:16
c. El secreto para hallar el verdadero amor es encontrar a Dios.

II. AMAR ES EL MÁS GRANDE MANDAMIENTO Mateo 22:37-38
a. Cuando cuidamos de otros es como si cuidáramos de Jesús. Mateo 25:40
b. El amor de Dios no es egoísta, sino que piensa en otros primero. Si quieren saber si el amor de Dios está obrando a través de sus vidas, háganse la siguiente pregunta: "¿Estoy cuidando de otros como Dios desea que lo haga?".
c. Cuando les importan los demás, ¡eso les demuestra a ellos que a Dios también les importa!

III. JESÚS ES LA VID, NOSOTROS LOS PÁMPANOS Juan 15:5
a. Los pámpanos obtienen vida de la vid. ¡Jamás verán que ¡un pámpano se encuentre bien si está separado de la vid!
b. Los pámpanos que se separan de la vid se secan y mueren. Lo mismo ocurre en nuestro interior si no permanecemos unidos a Jesús. Él es nuestra "conexión de amor".
c. Entre más apegados estén a Jesús, más puro será su amor. ¡Y el amor no dejará de crecer!

Una palabra del comandante Dana: Una de las cosas más gratificantes que he experimentado en la Academia de Superniños ocurrió cuando los retamos a amar a los demás, así como Jesús nos ordenó que lo hiciéramos. Les sugerimos algunos ejemplos en los cuales podían ser amables, amigables y tener una mentalidad de servicio. ¡Los resultados fueron asombrosos! Un par de semanas después, nuestros niños y niñas estaban dándoles a otros, cediendo sus preciados lugares de primera fila, y ¡ofreciendo una encantadora hospitalidad a quienes nos visitaban por primera vez! En ese momento, me di cuenta que ellos querían practicar lo que habían escuchado en las prédicas. Nuestro trabajo consiste en permitirles a los niños que practiquen lo que aprenden. Sea creativo con sus superniños, y prepárese para ver una atmósfera de amor creciendo en ellos, al punto que ¡ésta cubra toda la iglesia!

NOTAS:

Academia de Superniños • Vol. 3/13.ª semana • Amor

LECCIÓN PRÁCTICA — ¿QUÉ VEN?

Tiempo necesario: 10 minutos

Versículo para memorizar: «...Dios es amor; y el que permanece en amor, permanece en Dios, y Dios en él». (1 Juan 4:16b)

Consejo para el maestro: Explíqueles cómo pueden acercarse a Dios. Si lo desea, escríbaselos en un pliego de papel, y colóquelo al lado de la tabla optométrica. A continuación, le presentamos algunas sugerencias de cómo acercarse a Dios:

- Lean Su Palabra
- Oren por su familia y sus amigos
- Alaben a Dios con todo su corazón
- Compártanle a alguien acerca de Dios

Implementos: ☐ Una bata de laboratorio (para el maestro), ☐ un puntero, ☐ una tabla optométrica, ☐ un caballete (para colocar la tabla).

Instrucciones de la lección:

Pregunte Superniños, ¿saben qué es esto?

- ¡Sí! Es una tabla optométrica.

Pregunte ¿Le gustaría a algún cadete leer esta tabla?

- (Pídale a un superniño que se pare en la parte posterior del salón; indíquele que lea la tabla tan lejos como pueda. Luego haga que se acerque más para que pueda leer las letras pequeñas. Siga el proceso hasta que pueda leer la letras pequeñas).
- Entre más se acerque el cadete a la tabla, más fácil le será leer. ¡Esto me recuerda al amor de Dios! Esta tabla es como Dios. Mientras más nos acerquemos a Él, más podremos ver Su amor.

Pregunte ¿Qué tanto pueden ver del amor de Dios? ¿Pueden ver sólo un poco, así como la primera línea de esta tabla? O ¿pueden ver todas las letras?

- Si quieren obtener una visión perfecta del amor de nuestro Padre celestial, no necesitan anteojos, ¡lo único que necesitan es acercarse más a Él!

NOTAS:

Serie: Fe, esperanza y amor

NOTAS:

NOTAS:

www.ingramcontent.com/pod-product-compliance
Lightning Source LLC
Chambersburg PA
CBHW080746300426
44114CB00019B/2664